ANALYSEN UND REFLEXIONEN
Band 66

Reiner Poppe

Stefan Zweig
Schachnovelle

**Interpretationen und
Unterrichtsmaterialien**

Joachim Beyer Verlag – 8607 Hollfeld/Ofr.

Für sachliche Hinweise zu den von Zweig angesprochenen Schachpartien und für Anregungen zur Berücksichtigung ihrer Details beim Erstellen einer „Handlungsfolie" (Kapitel 4) danke ich Herrn Bernd Feustel sehr herzlich.

3. Auflage 1992

ISBN 3-88805-043-X

© 1988 by Joachim Beyer Verlag, 8607 Hollfeld
Druck: Beyer-Druck, Langgasse 23, Hollfeld

Inhalt

Vorbemerkung

„Die verbrannten Dichter" ist der Titel einer Anthologie vielfach gerühmter, aber auch weniger bekannter deutschspra-
chiger Autoren, die der 'Kulturerneuerung' des „Dritten Rei-
ches" zum Opfer fielen.[1]
STEFAN ZWEIG war einer von ihnen. Er wird in dieser
Anthologie nur knapp erwähnt. Während andere Schriftsteller posthum aufgewertet, somit zu einem Stück Geschichte
werden, obwohl teilweise von nur untergeordneter literari-
scher Bedeutung[2], hatte Zweig schon vorher europäische
(Literatur-)Geschichte geschrieben. Man erinnert sich deshalb seiner nicht nur im Zusammenklang mit der unseligen
Zeit der Bücher-Verbrennungen und willkürlichen Verfol-
gungen, der Dichter-Verbannungen und zynischen Hinrich-
tungen.
Dennoch:
Zwar hat Stefan Zweig als Schriftsteller einer vergangenen
Generation heute viele prominente Verfechter seines Werkes, Max von der Grün z.B., doch nicht weniger auch erbit-
terte Gegner oder arrogante Richter über sein uns hinterlas-
senes literarisches Erbe. Zwei Lager – dazwischen gibt es
nichts. Das mutet befremdlich an bei einem Schriftsteller,
der mit seinen Büchern alles andere wollte als Konfronta-
tion, Zwietracht und Gespaltenheit. Zumindest seltsam berührt es auch, daß die deutsche Literaturgeschichte sich
über ihn nahezu ausschweigt. Es scheint schwierig zu sein,
ihm wertend gerecht zu begegnen.
Zweigs Kunst war leidenschaftlich apolitisch, menschen-
freundlich und kulturversöhnend angelegt. Er hatte sein Publikum; um die Gunst der Wissenschaftler brauchte er nie zu
buhlen. Zweig war (und ist) ein übernationaler Schriftsteller,

---

1) Vgl. Jürgen Serke. Die verbrannten Dichter. Frankfurt 1980. Im Kapitel 3
   gehe ich auf das geschichtliche Umfeld des 19. und 20. Jahrhunderts
   näher ein. – (Ausführliche Quellenangaben im Literaturverzeichnis).

2) Gemeint sind Autoren wie A. Kuckhoff, E. G. Winkler oder F. Hardekopf,
   die allerdings dank Serke wieder in das Bewußtsein der Öffentlichkeit gehoben wurden.

5

allen Verweigerern zum Trotz. Er war (und ist) jedoch kein volkstümlicher Schriftsteller im Sinne des Wortes. Dazu sind seine Themen sicherlich zu persönlich 'beschwert', zu speziell im Historischen verwurzelt. Dazu ist auch seine Sprache zu 'kulinarisch-abgeschmeckt'. Kurz: Stefan Zweig war nie ein Autor der Masse, weil er sich in seinem Geschichts-, Welt- und Menschenbild stets deutlich von ihr abhob, weil er auch als Individuum seine eigenen Maßstäbe setzte, die er nur mit Gleichgesinnten teilen konnte, auch weil seine Sprache eine andere war – die Gürtellinie nie unterschritt.

An Zweig war nichts Mittelmäßiges im Anspruch an sich, die anderen und die Welt, trotz der ihm immer wieder von vielen Seiten attestierten Bescheidenheit. Die materielle Sicherheit des Großbürgertums, dem er entstammte, hatte ihn früh unabhängig gemacht. Der Erfolg seiner Bücher hatte ihm Wohlhabenheit darüber hinaus gebracht, zumal im 1. Drittel unseres Jahrhunderts, als er tatsächlich zu den meistgelesenen und meistübersetzten Autoren Europas gehörte.

Sich mit dem Menschen Stefan Zweig zu befassen, ist eine große Bereicherung. Ihn in einem Buch wie diesem in nur wenigen Zügen darzustellen, ist ein großer Reiz und ein Zwang zum Bekenntnis ohne viel 'Wenn' und 'Aber', zugleich aber auch der Verzicht auf größere Ausführlichkeit, die ihm eigentlich auch hier gewidmet werden müßte, um ihm differenzierter gerecht zu werden. Für mich ist Stefan Zweig ein geistiges Leitbild, weil er (– mit anderen seiner Zeit –) im wirklichen Sinne ein grenzen- und kulturüberschreitender Weltbürger gewesen ist, ohne seine geistige Vergangenheit jemals zu leugnen. Der Umgang mit fremden Sprachen und Kulturen war für ihn etwas Selbstverständliches, daß man heutzutage angesichts vieler beinahe aufgesetzter Programme in dieser Richtung immer wieder verblüfft ist. Geschichtsverbundenheit und Aufgeschlossenheit für das Aktuelle, wie sie vorbehaltloser kaum praktiziert werden können, verbanden sich bei ihm mit einer lauteren Gesinnung, so daß er viele Freunde gewann und vielen ein wirklicher Freund war.

Ich verehre Stefan Zweig auch als Schriftsteller in unserer Zeit, in der das geschliffene Wort allmählich ausstirbt, 'exotisch' wirkt und eigentlich nie 'up to date', in der das Pragmatische und Nutzeffektive, radikale Vereinfachungen und flüchtige Effekte (wie 'spektakulär') die Sprache und die Gesellschaft nivellieren.

Wer dieses Buch annimmt, hat wahrscheinlich schon vorher seinen Zugang zu Stefan Zweig gefunden; möglicherweise teilt er meine Verehrung für ihn. Vielleicht können die knapp einhundert Seiten auch dazu beitragen, ihm neue Leser zu gewinnen, Zweifler zu überzeugen.

Werbung freilich hat Stefan Zweig kaum nötig, die Auflagenzahlen seiner Bücher[3] sprechen für sich.

---

3) Wir weisen bereits hier auf das im FISCHER-Verlag veröffentlichte schriftstellerische Werk Zweigs hin (vgl. Literaturverzeichnis).

1. STEFAN ZWEIG: LEBEN UND WERK

Von Hermann Kesten, dem geistvollen und einfühlsamen Essayisten und Romancier [4], stammt das wohl anschaulichste Kurzporträt des Menschen und (Schriftstellers) STEFAN ZWEIG. Wir zitieren es zu Beginn unserer ANALYSEN und REFLEXIONEN, um den Leser pointiert mit **Wesens- und Charaktereigenschaften des österreichischen Schriftstellers** zu konfrontieren, die für unsere Studie über eine der meistgelesene Novellen dieses Jahrhunderts, die **„SCHACHNOVELLE",** von Gewicht und Bedeutung sind:

„Ein Leser der Autobiographie Zweigs könnte auf die Vermutung kommen, Zweig sei ein farbloser Mensch gewesen. Im Gegenteil war er ein kurioser und komplizierter Mensch, vertrackt und interessant, neugierig und listig, ewig bedenklich, alles berechnend und sentimental, hilfreich und kühl, amüsant und voller Widersprüche, ein Großbürger in seiner Manier und unbürgerlich in seinen Äußerungen, komödiantisch und fleißig, immer geistig angeregt, banal und voller psychologischer Sensibilität und knabenhafter Lüsternheit. Er war gesprächig und ein ergebener Freund und auf den Erfolg eingeschworen.

Er war eine Fundgrube von Literaturanekdoten. Er war ein heiterer Pessimist und ein todeslüsterner Optimist. Er war ganz ohne Selbstironie. Er war im Kern ein bescheidener Mensch und hat sich selber und die Welt viel zu tragisch genommen."

Auf alle der von H. Kesten mit liebevoller Ironie so prägnant herausgestellten Einzelzüge des Menschen Stefan Zweig können wir im Rahmen unserer Erhellungen nicht eingehen.

---

4) Hermann Kesten (geb. 1900) schrieb zeit- und gesellschaftskritische Romane, Biographien, Dramen, Essays, Erzählungen und veröffentlichte einen Band Lyrik und Übersetzungen. –
Das Kurzporträt ist seinem Buch **„Meine Freunde, die Poeten"** (1953; erweitert 1959) entnommen, S. 96 f.

Dort, wo sie nicht explizit aufgegriffen werden, mag sich der Leser ihrer erinnern. In keinem anderen Lebensabschnitt dürfte die ganze Widersprüchlichkeit des Wesens den Dichter mehr belastet haben als im Entstehungszeitraum der „Schachnovelle".

In keinem anderen Buch, ausgenommen vielleicht der „ERASMUS"[5], drängen sich die Charaktermerkmals des Autors so in den Vordergrund, freilich in kondensierter und gleichsam abstrahierter Aussage.

An dieser Stelle geben wir eine erste Übersicht wichtiger Daten aus dem Leben und Werk Stefan Zweigs, denen der Leser der „Schachnovelle" wiederbegegnet, und die wir im Anschluß kommentieren werden.

ÜBERSICHT[6]

1881	**Stefan Zweig** wird am 28.11 als 2. Sohn des böhmischen Textilfabrikanten Moritz Zweig und dessen Frau Ida (geb. Brettauer) in Wien (Schottenring 14) geboren.	
1887/ 1892	Besuch der **Volksschule** (Werdertorgasse).	
1892/ 1900	Die Familie zieht in die Rathausstraße Nr. 17 um; Stefan Z. geht auf das Maximiliangymnasium im IX. Bezirk (später Wasagymnasium).	Erste Gedichtveröffentlichung in „Deutsche Dichtung" und „Die Gesellschaft"

---

5) Zweigs „Erasmus-Buch" erschien 1934. In ihm halten sich kritische Auseinandersetzung mit menschlicher Größe und Ausdruck der Bewunderung, ja des Sich-verwandt-Fühlens, die Waage.

6) Die Fundstellen der eingeschobenen Zitate (I. – X.) sind am Schluß dieses Kapitels angegeben.

1900	Stefan Z. beginnt ein **Studium** der Philosophie und Literaturgeschichte in Wien.	
1901 *(I.)*	**Erste Buchveröffentlichung** in Berlin (Schuster & Loeffler).	„Silberne Saiten"
1902 *(II.)*	Stefan Z. gibt eine **Anthologie** der besten Gedichtübertragungen Paul Verlaines und Gedichte von Charles Baudelaire (teilweise in eigenen Übersetzungen) heraus. Sie erscheinen in Leipzig (Hermann Seemann Verlag). S.Z. erbittet brieflich die **Zustimmung namhafter Autoren**, wie etwa Richard Dehmel, Johannes Schlaf, Otto Hauser u.a. Im Sommer unternimmt er eine Reise nach Belgien und begegnet dort zum ersten Male dem belgischen Dichter **Emaile Verhaeren**.	Gedichtanthologie (in Übertragungen) „Paul Verlaine" und Gedichte von „Charles Baudelaire"
1902/ 1903	Studium an der Universität Berlin.	
1903	Stefan Z. hält sich in Paris und in der Bretagne auf. Er schreibt die Einleitung zu „E.M. Lilien und sein Werk".	
1904 *(III.)*	Stefan Z. schließt seine Studienzeit mit einer **Dissertation** über „Die Philosophie des Hippolyte Taine" ab. Reisen nach Paris und London; Veröffentlichung eines Novellenbandes und ausgewählter Gedichte Verhaerens in eigener Übersetzung.	„Die Liebe der Ewald"

1905	Stefan Z. bereist Spanien und Nordafrika (Algier).	„Paul Verlaine" (Monographie)
1906	Beginn der Verbindung zum INSEL-Verlag Stefan Z. hält sich für einige Monate in England auf. Übersetzungen, u.a. „Die visionäre Kunstphilosophie des W. Blake" (Zeitler, Leipzig).	„Die frühen Kränze" (Gedichte)
1907	Stefan Z. zieht in eine **eigene Wohnung** (Wien, Kochgasse). –	„Tersites" (Versdrama) und „Rimbaud – Leben und Dichtung"
1908	Erstaufführung der „Tersites" am 26.11. in Kassel und Dresden. – Bearbeitung und Einleitung zu:	„Balzac – sein Weltbild aus den Werken"
1908/	Mehrmonatige Reise durch Indien, Ceylon, Burma und Hinterindien.	
1910	Arbeiten für ein Dickens-Gesamtausgabe und Veröffentlichung von Arbeiten zu Emile Verhaeren.	„Emile Verhaeren" (Monographie)
1911	Amerika-Reise. – Novellen und Übertragungen.	„Erstes Erlebnis – vier Novellen aus Kinderland"
1912	Erstaufführung des Einakters (5.5.); Mit E. Verhaeren auf einer Vortragsreise unterwegs in Deutschland (Hamburg, Berlin, München) und in Österreich (Wien).	„Der verwandelte Komödiant"
	Uraufführung des Trauerspiels (26. 10.) im Wiener Burgtheater.	„Das Haus am Meer"

11

1912	Stefan Z. lernt **Friderike Maria von Winternitz (1882 – 1971)**	
(IV.)	kennen, die er später heiratet.	
1913	Veröffentlichungen beim Insel-Verlag, u.a.:	„Brennendes Geheimnis" (Novelle)
1914	Bei E. Verhaeren in Belgien; Mobilmachung. **ERSTER WELT-KRIEG**; ab 1.12 Arbeit im Kriegs-	
(V.)	archiv	
1915/	Wichtige private Entscheidungen;	
1916/	Stefan Zweig zieht mit F. von	
1917	Winternitz nach Kalksburg bei Rodaun; sie kaufen das **Haus am Kapuzinerberg in Salzburg**. Vortragsreisen in der Schweiz. – Theaterproben mit Max Reinhardt in Zürich. – Besuche bei Romain Rolland und in der Zentrale des Roten Kreuzes (Genf).	„Jeremias" (Anti-Kriegsdrama)
1917/	Stefan Z. kommt mit wichtigen	
1918/	Persönlichkeiten des öffentlichen Lebens zusammen, nicht weniger mit Künstlerkollegen, u.a. James Joyce, Hermann Hesse, Ferruccio Busoni. – Übersetzungen, Theatererfolge. – Im März zieht er mit Friderike nach Rüschlikon in die Schweiz.	
1919	Wieder in Salzburg.	
1920	**Stefan Zweig und Friderike von Winternitz heiraten.** – Erfolgreiches Jahr als Schriftsteller.	„Marceline Desbordes Valmore" (biographische Dokumentation)

1920		„Drei Meister" (Essayband zu Balzac, Dickens und Dostojewski) „Romain Rolland – Der Mann und das Werk" (Biographie)
1921	Einleitung von Stefan Zweig zu:	„Dostojewski: Sämtliche Romane und Novellen"
1922	Übersetzungen und Herausgeberschaften (Rollands „Clerambault" und Verlaines „Gesammelte Werke")	„Amok" (Novellen)
1924	Ein erster Höhepunkt der literarischen Erfolge Stefan Zweigs:	„Die gesammelten Gedichte"
1925		„Der Kampf mit dem Dämon" (Hölderlin, Kleist, Nietzsche)
1926	Herausgebertätigkeit mit M. Gorki und George Duhamel für das „Liber Amicorum Romain Rolland" (Rotapfel, Zürich). Uraufführung des „Volpone" am 6.11. im Wiener Burgtheater, weitere Inszenierungen in Berlin und Dresden.	„Volpone" (Komödie) nach Ben Jonson „Verwirrung der Gefühle" (Novelle)
1927/	„Abschied von Rilke" (Gedächtnisrede im Münchener Staatstheater am 20.2.). – Wichtige eigene Arbeiten: Weiteres Zeichen der hohen Anerkennung Stefan Zweigs außerhalb des deutschprachigen Rau-	„Die Flucht zu Gott" (Epilog zu Tolstois unvollendetem Drama „Das Licht

1927	mes ist die von Maxim Gorki besorgte russische 'GESAMT-AUSGABE' (10 Bände). Arbeit an:	scheint in die Finsternis"); „Drei Dichter ihres Lebens" (Casanova, Stendhal, Tolstoi) „Sternstunden der Menschheit" (historische Miniaturen)
1928	Stefan Zweig reist zur **Hundertjahrfeier Tolstois** nach Rußland. In Berlin erscheint eine Stefan-Zweig-Biographie: „Stefan Zweig, der Mann und das Werk".	„Drei Dichter ihres Lebens"
1929	Unterschiedliche Arbeiten veröffentlicht	„Joseph Foucheé"; „Das Lamm des Armen" (Tragikomödie); „Kleine Chronik" (Novellen)
1930	Italien; Treffen mit Maxim Gorki	
1931	Aufenthalte in Frankreich; Zusammentreffen mit Joseph Roth und Albert Schweitzer („Unvergeßliches Erlebnis, ein Tag bei Albert Schweitzer").	„Die Heilung durch den Geist" (Essays zu Mesmer, Baker – Eddy, Freud) „Ausgewählte Gedichte" Marie Antoinette"
1933	**Jahr der Wende**: Nationalsozialistische Machtergreifung. BÜCHERVERBRENNUNG (auch Stefan Zweig ist unter den geschmähten Schriftstellern). Erster längerer Aufenthalt in London.	

1934	Stefan Z. zieht endgültig aus Salzburg fort und wohnt in London; Friderike bleibt in Salzburg.	„Triumph und Tragik des Erasmus von Rotterdam"
(VI.)		
	Lotte Altmann, die er nach seiner Scheidung von Friderike heiratet, kommt als Sekretärin zu Stefan Z. nach London. Sie begleitet ihn auf seiner Fahrt nach Schottland (Materialsammlung für die „Maria-Stuart-Biographie").	
	Weitere Reisen in die Schweiz und nach Salzburg (Auflösung des Haushaltes)	
1935	Aufenthalt und Vortragstätigkeit in den USA. – Übersetzung von Pirandellos Stück „Non si sa come" eigens für den bekannten Theaterschauspieler **Alexander Moissi**, der kurz vor Beginn der Proben in Wien stirbt.	Libretto zu Richard Strauss' komischer Oper „Die schweigsame Frau", die am 24.6. in Dresden uraufgeführt wird. Die Oper wird später verboten. „Maria Stuart"
(VII.)		
1936	Ab März ständiger Wohnsitz in London. Erste Reise nach Brasilien und Argentinien (PEN-Kongreß in Buenos Aires).	„Castellio gegen Calvin" und „Kaleidoskop" (gesammelte Erzählungen in zwei Bänden)
1937	**Endgültige Trennung von Friderike**; Verkauf des Salzburger Hauses	„Ungeduld des Herzens" (Roman)
1938	Friderike wohnt in Paris; die Ehe wird im Dezember geschieden.	

1938   Aufenthalt Zweigs in Portugal
       (Materialstudien zu „Magellan"). „Magellan"
       Stefan Z. beantragt die britische
(VIII.) Staatsbürgerschaft.
       Weitere Vortragsreise in die USA.

1939   In London. Gedenkrede für Jo-
       seph Roth. Beginn des ZWEITEN
       WELTKRIEGES.
       **Stefan Zweig heiratet Lotte
       Altmann.** Wohnsitz: Bath (Eng-
       land)

1940   **Britische Einbürgerungsbe-
       willigung.** Reisen nach Paris,
       New York und Südamerika.
       Vorträge in Brasilien, Argenti-
(IX.) nien und Uruguay.

1941   Arbeit an „Amerigo – Geschichte
       eines historischen Irrtums".
       Dann: „Brasilien – Land
                                       der Zukunft" –

       Arbeit an der Autobiographie.
       Die Zweigs wohnen in Ossining,
       N.Y.
       Weitere Reisen nach Brasilien.
       Letzte Bleibe in einem Bunga-
       low in Petrópolis (Nähe Rio).
       Dort arbeitet Stefan Z. an der
       SCHACHNOVELLE und an der
       Montaigne-Studie. Gegen Ende
       des Jahres (November) wird die   „Die Welt von
       Autobiographie abgeschlossen Gestern"
       und zu Bermann-Fischer ge-
       schickt.
       Eintritt Amerikas in den Krieg. –

1942   Vorbereitungen zum Freitod
(X.)   **Stefan Zweig und Lotte Zweig**

1942 **vergiften sich am 22. Februar.**
Sie werden auf dem Friedhof von
Petrópolis beerdigt.

Die Zitate finden sich in:
I.   Stefan Zweig. Die Welt von Gestern, S. 79-80
II.   Stefan Zweig. Briefe an Freunde, S. 3
III.   Stefan Zweig. Briefe an Freunde, S. 13
IV.   Friderike Zweig. Stefan Zweig – Wie ich ihn erlebte,
       S. 36–57 („Romanze")
V.   Stefan Zweig. Briefe an Freunde, S. 40-42
VI.   Stefan Zweig. Die Welt von Gestern, S. 133-134
VII.   Stefan Zweig. Die Welt von Gestern, S. 293
IX.   Friderike Zweig. Stefan Zweig – Wie ich ihn erlebte,
       S. 234
X.   Stefan Zweig, Briefe an Freunde, S. 350

(I) „Das erste, was ich begann, war, meine Gedichte in einer – wie ich meinte: unerbittlichen – Auslese zu sammeln. Ich schäme mich nicht, zu bekennen, daß mir eben absolvierten neunzehnjährigen Gymnasiasten als der süßeste Geruch auf Erden, süßer als das Öl der Rosen von Schiras, damals jener der Druckerschwärze schien; jede Annahme eines Gedichts in irgendeiner Zeitung hatte meinem von Natur aus sehr schwachbeinigen Selbstbewußtsein einen neuen Anschwung gegeben. Sollte ich nicht jetzt schon ansetzen zu dem entscheidenden Sprunge und die Veröffentlichung eines ganzen Bandes versuchen? Der Zuspruch meiner Kameraden, die mehr an mich glaubten als ich selbst, entschied. Ich sandte das Manuskript verwegen genug gerade an jenen Verlag, der damals der repräsentative für deutsche Lyrik war. Schuster & Löffler, die Verleger Liliencrons, Dehmels, Bierbaums, Momberts, jener ganzen Generation, die zugleich mit Rilke und Hofmannsthal die neue deutsche Lyrik geschaffen. Und – Wunder und Zeichen! – es kamen einer nach dem andern jene unvergeßlichen Glücksaugenblicke, wie sie sich im Leben eines Schriftstellers auch nach den größten Erfolgen nicht mehr wiederholen: es kam ein Brief mit dem Signet des Verlags, den man unruhig in Händen hielt, ohne den Mut, ihn zu öffnen. Es kam die Sekunde, wo man angehaltenen Atems las, daß der Verlag sich entschlossen habe, das Buch zu veröffentlichen und sich sogar das Vorrecht für die folgenden ausbedinge. Es kam das Paket mit den ersten Korrekturen, das man mit maßloser Erregung aufschnürte, um die Type zu sehen, den Satzspiegel, die embryonale Gestalt des Buchs, und dann nach wenigen Wochen das Buch selbst, die ersten Exemplare, die man nicht müde wurde zu beschauen, zu betasten, zu vergleichen, einmal und noch einmal und noch einmal. Und dann die kindische Wanderung zu den Buchläden, ob sie schon Exemplare in der Auslage hätten und ob sie in der Mitte des Ladens prangten oder bescheiden am Rande sich versteckten. Und dann das Warten auf die Briefe, auf die ersten Kritiken, auf die erste Antwort aus dem Unbekannten, dem Unberechenbaren – all diese Spannungen, Erregungen, Begeisterungen, um die ich jeden jungen Menschen heimlich beneide, der sein erstes Buch in die Welt wirft."

(II) An Richard Dehmel

Berlin, 7. 4. 1902

Sehr verehrter Herr!

Ich möchte mich heute mit einer Bitte an Sie, sehr verehrter Herr Dehmel, wenden, auf deren Erfüllung ich zu hoffen wage in Anbetracht des wertvollen Unternehmens, das sie betrifft. Ich plane nämlich – und habe Schuster und Loefller im Falle der Zustimmung der Autoren als Verleger – eine Anthologie von Verlaine – und Übersetzungen, von der Voraussetzung ausgehend, daß keiner der bisher vorhandenen Sammelbände künstlerischen Anforderungen genügt und wiederum Meisterübersetzungen, in einzelnen Gedichtbänden verstreut, für das Publikum verlorengehen. Ich will nun – da die meisten Gedichte mehrfach übersetzt sind – immer die beste für einen schmalen billigen Band, wählen, der Deutschland den wesensverwandtesten aller französischen Dichter in annähernder Vollkommenheit repräsentieren soll. Dazu bedarf ich aber der Zustimmung der Dichter und wende mich vor allem an Sie, sehr verehrter Herr Dehmel, als den berühmtesten und besten unserer Übersetzer. Sonst nehme ich noch in Aussicht: Franz Evers, Richard Schaukal, Max Bruns, Johannes Schlaf, Paul Wiegler, Hedwig Lachmann, Otto Hauser und vielleicht noch den einen oder anderen, aber wie bereits gesagt, stets nur das Beste des Besten. Ist es mir nun verstattet, aus Ihren Werken Übertragungen auszunehmen, so möchte ich um eine Zeile bitten und vielleicht auch um ein Wort, wie Ihnen der Plan zusagt, eventuell auch einen Ratschlag, dem ich mich gerne fügen will. Ich hoffe, daß die Sympathie für unseren großen Dichter und der Wunsch, ihn würdig in Deutschland vertreten zu sehen, bei Ihnen für meinen Plan sprechen wird.

In aufrichtiger Ergebenheit und Verehrung,

Stefan Zweig

(III)
An Hermann Hesse

Wien, 20. September 1904

Glauben Sie mir es, lieber Herr Hesse, daß ich mich über Ihren lieben Brief fast mehr geärgert als gefreut habe? Nicht wegen des Portraits: das ist eine kleine dumme Geschichte, mit der ich Ihnen eine Freude zu machen hoffte. (Ihren Widerstand werden Sie übrigens bald dem wachsenden Ruhme opfern müssen, denn die »Woche« läßt sich keinen entgehen, den der Lorbeer auch nur streifte.) Selbstverständlich bleibts unediert. Ein ganz Anderes hat mich verdrossen. Verzeihen Sie mir – ich bin kein Berechner und wäre ein höchst übler Geschäftsmann –, aber ich hatte mir, freudig berührt von den angezeigten 10 000 Exemplaren eine Summe von ebensoviel Mark für Sie herausgerechnet. Und nun schreiben Sie mir ganz stolz von 2 500. Lieber Herr Hesse, Sie haben jetzt eine Frau – ich hoffe, bald auch noch mehr –, und da dürfen Sie sich nicht so von einem Verleger begaunern lassen, dürfen sich nicht so ganz in eine Bescheidenheit hüllen, die Ihnen zu Gesicht steht wie ein Armesündergewand. Sie sind Deutschland heute sehr viel, und jeder Verleger wäre glücklich, Ihr nächstes Buch sein eigen zu nennen. Glauben Sie mir, der dies aus einer weiteren Perspektive sieht (....)

Nun hab' ich eine Angst gekriegt: in einem Monat wollt ich Ihnen meinen Band Novellen in die Hände legen, und nun habe ich gerade bei Ihnen die Angst, Sie möchten mich mißachten, weil die Dinger noch nicht ganz flügge sind und die Eierschalen der ersten Jugend noch nicht ganz abschüttelten. Aber Sie werden hoffentlich doch sich hie und da was auszugraben wissen, das nicht verdient, weggeworfen zu werden.

(IV) „Doch schon nach wenigen Tagen erhielt sie einen Brief aus Belgien. Als wären sie alte Bekannte, die ein unterbrochenes Gespräch wieder aufnehmen, erzählte er ihr von seinem Aufenthalt. Daß sie sich wiedersehen würden, stand nicht in Frage, schien eine abgemachte Sache. Noch einmal sandte er Nachricht, und dann eine dritte, seine Rückreise ankündigen. Nun bat er um ihren Anruf. Zum erstenmal hörte sie in der Sprechzelle des ländlichen Postamts seine Stimme. Sie sagte ihm, daß sie noch eine Weile auf dem Lande bliebe, sie würde von sich hören lassen, wenn sie wieder in Wien wäre. So geschah es.

Sie waren beide bewegt von der Tatsache, daß nun die Annäherung vollzogen war. Es hätte zwei Möglichkeiten gegeben, Unbefangenheit vorzutäuschen: er hätte den begonnenen „Flirt" fortsetzen und sie hätte in den Bereich der Literatur flüchten können. Sowohl das eine wie das andere hätte die Aufrichtigkeit der unleugbaren Neigung, die sie zueinander zog, beeinträchtigt. Es schwebten nicht wenig Fragen und Antworten auf ihren Lippen, doch Bewegtheit hemmte das Sprechen bei dieser ersten Begegnung. Das Schweigen, das oft plötzlich eintrat, – sie fühlte dabei seinen Blick auf sich gerichtet – war beredter als Worte. Hätte sie fürchten müssen, eine nicht wiederkehrende Gelegenheit der Zwiesprache zu versäumen, dies erste Beisammensein hätte wohl tiefes Bedauern in ihr hervorgerufen. Aber war nicht dies Gehemmtsein im Gespräche sonst sicherer Menschen ein untrügliches Zeichen, daß sie einander bereits nahe standen und sich gewiß wiedersehen würden?"

(V)
An Romain Rolland
[undatiert; Poststempel 9. 11. 1914]
Mein lieber und verehrter Freund, ich schreibe Ihnen aus einer der schwersten Stunden meines Lebens. Mir ist heute erst ganz die entsetzliche Verwüstung zu Bewußtsein gekommen, die der Krieg in meiner menschlichen, in meiner geistigen Welt angerichtet hat: wie ein Flüchtling, nackt, mittellos muß ich aus dem brennden Haus meines innern Lebens flüchten, wohin – ich weiß es nicht. Zu Ihnen zuerst, um zu klagen, mein ganzes Entsetzen zu sagen. Ich habe ein Gedicht Verhaerens gelesen (das ich Ihnen sende samt sei-

nem sehr einfältigen Commentar) und mir war, als stürze ich in einen Abgrund. Ich meine, Sie müssen wissen, was mir Verhaeren ist: ein Mensch, dessen Güte ich als so grenzenlos liebte, daß ich sie fast zu tadeln müssen meinte, weil sie so ganz ohne Beschränkung war. Ich habe nie von ihm ein Wort des Hasses gehört, eine wilde Entrüstung, denn ein großes Verstehen machte ihn weich gegen seinen eigenen Zorn. Und nun!! (...)

Ich selbst kann nur leiden und schweigen. Wenn jetzt in Deutschland – wo man ihn mehr liebte, unendlich mehr als je in Frankreich oder irgendwo – ein Sturm anhebt, muß ich mein Haupt bergen. MITSPRECHEN mag ich nicht, dazu ist mir dieser große Mensch und teure Freund zu lieb, aber wie auch rechtfertigen, was nicht zu erklären ist? Diese Verse haben etwas in mir zerstört, was zum Kostbarsten meines Lebens gehörte, das Sicherheitsgefühl der vielfachen Heimat. Ich glaubte in seinem Herzen für immer geborgen zu sein und glaube fühlen zu müssen, daß ich ihm doch nicht genug war: sonst hätte er diesen Schmerz mir nicht bereiten dürfen.

Mir graut vor diesen Tagen und mir graut vor den Jahren, die kommen werden.

(VI)
„Seit 1933 sind Durchsuchungen, willkürliche Verhaftungen, Vermögenskonfiskationen, Austreibungen von Heim und Land, Deportationen und jede andere denkbare Form der Erniedrigung beinahe selbstverständliche Angelegenheiten geworden; ich kenne kaum einen meiner europäischen Freunde, der nicht derlei erfahren. Aber damals, zu Beginn von 1934, war eine Hausdurchsuchung in Österreich noch ein ungeheurer Affront. Daß jemand, der wie ich vollkommen jeder Politik fernstand und seit Jahren nicht einmal sein Wahlrecht ausgeübt hatte, ausgesucht worden war, mußte einen besonderen Grund haben, und in der Tat war es eine typische österreichische Angelegenheit. Der Polizeipräsident von Salzburg war genötigt gewesen, scharf gegen die

Nationalsozialisten vorzugehen, die mit Bomben und Explosivstoffen Nacht für Nacht die Bevölkerung beunruhigten, und diese Überwachung war eine bedenkliche Mutleistung, denn schon damals setzte die Partei die Technik des Terrors ein. Jeden Tag erhielten die Amtsstellen Drohbriefe, sie würden dafür zu bezahlen haben, wenn sie weiterhin die Nationalsozialisten ›verfolgten‹, und in der Tat – wenn es Rache galt, haben die Nationalsozialisten ihr Wort immer hundertprozentig gehalten – sind die getreuesten österreichischen Beamten gleich am ersten Tage nach Hitlers Einmarsch ins Konzentrationslager geschleppt worden. So lag der Gedanke nahe, durch eine Haussuchung bei mir demonstrativ kundzutun, daß man vor niemandem mit solchen Sicherungsmaßnahmen zurückscheue. Ich aber spürte hinter dieser an sich unbeträchtlichen Episode, wie ernst die Sachlage in Österreich schon geworden war, wie übermächtig der Druck von Deutschland her. Mein Haus gefiel mir nicht mehr seit jenem amtlichen Besuch, und ein bestimmtes Gefühl sagte mir, daß solche Episoden nur schüchternes Vorspiel viel weitreichenderer Eingriffe waren. Am selben Abend begann ich meine wichtigsten Papiere zu packen, entschlossen, nun immer im Ausland zu leben, und die Loslösung bedeutete mehr als eine von Haus und Land, denn meine Familie hing an diesem Haus als ihrer Heimat, sie liebte das Land. Mir aber war persönlich Freiheit die wichtigste Sache auf Erden."

(VII)
„Nun liege Pirandello, der befürchtete, es könnten in der Übertragung das Musikalische und die Zwischenschwingungen seiner Prosa verlorengehen, ein Wunsch besonders am Herzen. Er möchte gerne, daß nicht ein zufälliger Übersetzer, sondern ich, dessen Sprachkunst er seit langem schätze, das Stück ins Deutsche übertrage. Pirandello habe selbstverständlich gezögert, meine Zeit mit Übertragungen zu vertun! Und so habe er es selbst übernommen, mir Pirandellos Bitte vorzutragen. Nun war tatsächlich Übersetzen

seit Jahren nicht mehr meine Sache. Aber ich verehrte Pirandello, mit dem ich einige gute Begegnungen gehabt, zu sehr, um ihn zu enttäuschen, und vor allem bedeutete es für mich eine Freude, einem derart innigen Freund wie Moissi ein Zeichen meiner Kameradschaft geben zu können. Ich ließ für ein oder zwei Wochen die eigene Arbeit; wenige Wochen später war Pirandellos Stück in meiner Übersetzung in Wien zur internationalen Uraufführung angesetzt, die überdies dank politischer Hintergründe besonders groß aufgezogen werden sollte. Pirandello hatte persönlich sein Kommen zugesagt, und da damals Mussolini noch als der erklärte Schutzpatron Österreichs galt, meldeten schon die ganzen offiziellen Kreise mit dem Kanzler an der Spitze ihr Erscheinen an. Der Abend sollte zugleich eine politische Demonstration der österreichisch-italienischen Freundschaft (in Wahrheit des Protektorats Italiens über Österreich) sein.

Ich selbst befand mich in diesen Tagen, da die ersten Proben beginnen sollten, zufällig in Wien. Ich freute mich auf das Wiedersehen mit Pirandello, ich war immerhin neugierig, die Worte meiner Übertragung in der Sprachmusik Moissis zu hören. Aber mit gespenstischer Ähnlichkeit wiederholte sich nach einem Vierteljahrhundert dasselbe Geschehen. Als ich frühmorgens die Zeitung aufschlug, las ich, Moissi sei mit einer schweren Grippe aus der Schweiz eingetroffen und die Proben müßten wegen seiner Erkrankung verschoben werden. Eine Grippe, dachte ich, das kann nicht so ernst sein. Aber heftig schlug mir das Herz, als ich mich dem Hotel näherte – Gott sei Dank, tröstete ich mich, nicht das Hotel Sacher, sondern das Grand Hotel! – um den kranken Freund aufzusuchen; die Erinnerung an jenen vergeblichen Besuch bei Kainz ward wie ein Schauer lebendig. Und genau das gleiche wiederholte sich über ein Vierteljahrhundert hinweg an abermals dem größten Schauspieler seiner Zeit. Es wurde mir nicht mehr erlaubt, Moissi zu sehen, das Fieberdelirium hatte begonnen. Zwei Tage später stand ich wie bei Kainz statt bei der Probe vor seinem Sarg."

(VIII)

„Der Fall Österreichs brachte in meiner privaten Existenz eine Veränderung mit sich, die ich zuerst als eine gänzlich belanglose und bloß formelle ansah: ich verlor damit meinen österreichischen Paß und mußte von den englischen Behörden ein weißes Ersatzpapier, einen Staatenlosenpaß erbitten. Oft hatte ich in meinen kosmopolitischen Träumereien mir heimlich ausgemalt, wie herrlich es sein müsse, keinem Lande verpflichtet und darum allen unterschiedsloser zugehörig. Aber wieder einmal mußte ich erkennen, wie unzulänglich unsere irdische Phantasie ist, und daß man gerade die wichtigsten Empfindungen erst versteht, sobald man sie selbst durchlitten hat. Zehn Jahre früher, als ich Dimitri Mereschkowskij einmal in Paris begegnete und er mir klagte, daß seinen Bücher in Rußland verboten seinen, hatte ich Unerfahrener noch ziemlich gedankenlos ihn zu trösten versucht, das besage doch nicht viel gegenüber internationaler Weltverbreitung. Aber wie deutlich begriff ich, als dann meine eigenen Bücher aus der deutschen Sprache verschwanden, seine Klage, nur in Übertragungen, in verdünntem, verändertem Medium das geschaffene Wort zur Erscheinung bringen zu können! Ebenso verstand ich erst in der Minute, da ich nach längerem Warten auf der Bittstellerbank des Vorraums in die englische Amtsstube eingelassen wurde, was dieser Umtausch meines Passes gegen ein Fremdenpapier bedeutete. Denn auf meinen österreichischen Paß hatte ich ein Anrecht gehabt. Jeder österreichische Konsulatsbeamte oder Polizeioffizier war verpflichtet gewesen, ihn mir als vollberechtigtem Bürger auszustellen. Das englische Fremdenpapier dagegen, das ich erhielt, mußte ich erbitten. Es war eine erbetene Gefälligkeit und eine Gefälligkeit überdies, die mir jeden Augenblick entzogen werden konnte. Über Nacht war ich abermals eine Stufe heruntergeglitten.“

(IX)

„Stefan befand sich unterdes auf anstrengender Reise; er hielt in verschiedenen Ländern Südamerikas und vor den verschiedensten Auditorien Vorträge und hatte daher nicht die gefährliche Muße, lange bei quälenden Gedanken zu verweilen. Zunächst machte er in Brasilien Halt, wo sich bei seinen Vorträgen der gleiche stürmische Erfolg einstellte wie vier Jahre zuvor. Lotte wurde zum erstenmal mitgefeiert, was ihr begreiflicherweise großen Eindruck machte. Einige Tage verbrachten sie im hochgelegenen Terezpolis, ehe sie nach Argentinien weiterfuhren. Aus den zahlreichen Briefen Stefans, die ich nach Lissabon und dann nach New York erhielt, aus den Zeitungsberichten, aus den Briefen unseres Freundes Alfredo Cahn, der ihn treulich begleitete, ging hervor, daß in Argentinien geradezu ein Kult mit ihm getrieben wurde. In Buenos Aires hielt er vier Vorträge, den ersten in spanischer Sprache. In einem Raum, der gegen tausend Menschen faßt, mußten fast dreimal soviel Platz finden, doch war der Ansturm so groß, daß man sogar in den angrenzenden Räumen Lautsprecher anbrachte. Während Stefan zum Rednerpult ging, wurden bereits tausend Eintrittskarten für die Wiederholung des Vortrages ausgegeben. Der Verkehr auf der Straße vor dem Gebäude mußte wegen des Andrangs gesperrt werden. Stehend lauschten ein ehemaliger Vizepräsident der Republik Argentinien, Senatoren und der Führer einer der größten politischen Parteien des Landes dem Sprechenden. „Nie zuvor und nie nachher", schrieb ein anwesender Freund, „hat Buenos Aires etwas Ähnliches erlebt." In Cordoba bot sich ein noch eindruckvolleres Schauspiel. Vor dem größten Theater der Stadt, in dem der Vortrag stattfand, waren Lautsprecher angebracht, und eine kompakte Menge hörte so im Freien den Sprecher."

(X)
An Friderike Zweig
[Aus dem Englischen]

Petrópolis, 22. Februar 1942

Liebe Friederike,

wenn Du diesen Brief erhältst, werde ich mich viel besser fühlen als zuvor. Du hast mich in Ossining gesehen, und nach einer guten und ruhigen Zeit verschärfte sich meine Depression – ich litt so sehr, daß ich mich nicht mehr konzentrieren konnte. Und dann die Gewißheit – die einzige, die wir hatten – daß dieser Krieg noch Jahre dauern wird, daß es endlose Zeit brauchen wird, ehe wir, in unserer besonderen Lage, wieder in unserem Haus uns niederlassen können, war zu bedrückend. Petropolis gefiel mir sehr gut, aber ich hatte nicht die Bücher, die ich brauchte, und die Einsamkeit, die erst so beruhigend wirkte, fing an niederschlagend zu wirken – der Gedanke, daß mein Hauptwerk, der Balzac, nie fertig werden könnte ohne zwei Jahre in ruhigem Leben und mit allen Büchern, war sehr hart, und dann dieser Krieg, der seinen Höhepunkt noch nicht erreicht hat. Ich war für all das zu müde. Du hast Deine Kinder und damit eine Pflicht zu erfüllen, Du hast weitreichende Interessen und eine ungebrochene Aktivität. Ich bin sicher, Du wirst die bessere Zeit noch erleben und du wirst mir recht geben, daß ich mit meiner »schwarzen Leber« nicht mehr länger gewartet habe. Ich schicke Dir diese Zeilen in den letzten Stunden. Du kannst Dir nicht vorstellen, wie froh ich mich fühle, seit ich diesen Entschluß gefaßt habe. Gib den Kindern meine lieben Grüße und beklage mich nicht – denke an die guten Joseph Roth und Rieger, wie froh ich immer war, daß sie diese Prüfungen nicht zu überstehen hatten.

Alles Liebe und Freundschaftliche und sei guten Mutes, weißt Du doch, daß ich ruhig und glücklich bin.

Stefan

Alles Negative verdichtete sich objektiv in der allgemeinen Situation der Welt. Mit der ihm eigenen Empfindsamkeit bezog Stefan Zweig stets auch alles auf sich. Zugegeben: Er blieb nicht verschont, aber anderen erging es wesentlich schlimmer. Im Zusammenhang mit dem „Montaigne-Essay" hatte Zweig an einen Freund geschrieben: „... Das Leben hängt vom Willen anderer ab, der Tod von unserem. Der gute Ruf hat dabei nichts zu suchen, es ist eine Torheit, darauf Rücksicht zu nehmen. Leben – heißt dienen, unter der Bedingung, daß einem das Sterben freisteht. Der Tod ist das große Heimkehren."[7]

Heimkehren aus der Heimatlosigkeit in die Heimatlichkeit des Todes. Da ist jemand wirklich am Ende...

Seine Schaffenskraft war gelähmt. Das freie Schalten und Walten, das Reisen und unbeschwerte Aufsuchen anderer Kulturräume waren ihm unmöglich gemacht. Die Zugänge zu den Welten des Geistes, die ihm Raum zum Atmen waren, blieben ihm verstellt.

Er, ein Mensch, dem die materielle Unabhängigkeit stets gestattet hatte, ein Reisender „durch die Zeit und Welt" zu sein, dem nichts wichtiger war als ein anregender Szenen- und Kulturwechsel, fühlte sich kaserniert und seiner Beziehungen beraubt, die in absoluter Freiheit wahrhaftig weltumspannend waren.[8]

Er, dem das Österreichische der vollkommenste Ausdruck von Tradition und geistigem Avantgardismus war, wurde gezwungen, seinen geistigen und immerwurzelnden Halt der Heimat aufzugeben und, gezwungen durch die Umstände, die Weite der Welt nunmehr unfreiwillig als Heimat anzunehmen.

---

7) Zitiert nach R. Fülüp-Miller in: H. Arens (Hg.), S. 104. – Vgl. auch Stefan Zweig, Europäisches Erbe, S. 7 – 68, besonders S. 47ff.

8) Stefan Zweig führte ausgedehnte Briefwechsel u.a. mit Gorki, Rolland, Zech. – Die Kartenskizze seiner Reisen gibt überdies zu erkennen, wie 'international' Zweigs Leben und Schaffen ausgerichtet war. – Im "Montaigne-Essay" steht: Um sich frei zu machen, reist Montaigne, und während der ganzen Reise gibt er ein Beispiel der Freiheit." (S. 55)

Er, der Pazifist und hilfreiche Freund, wurde ein Verfemter und Verfolgter, dem nichts widersinniger war und den nichts mehr erschüttern konnte als die rüde, geistlose Gewalt und der alles mißachtende Terror, die Tausende in die Flucht und in die Emigration getrieben hatte.

 Vollends zerstört wurde er, als der Krieg auch die letzten Refugien weit außerhalb Europas einzuholen drohte, als die physische Gewalt und der vieltausendfache Tod die gesamte Welt umgriffen.

Die **„Schachnovelle"** ein Stück verschlüsselter Selbstdarstellung also? Wir glauben ja, nicht zuletzt wegen ihrer Entstehungsnähe zu Stefan Zweigs Buch der Erinnerungen **„Die Welt von Gestern"** und zum berühmten „Montaigne-Essay", auf den wir noch wiederholt zurückgreifen werden. Die „Schachnovelle" – dichterische Bilanz und Abschluß eines Lebens, nichts geht mehr; Dr. B., der „Held" der Novelle, kann sich aus der Klammer des Erlittenen nicht lösen; er hat keine Zukunft mehr; belächelt tritt er ab von der Bühne des Lebens, die Welt gehört den anderen.
Es ist nicht daran zu zweifeln, daß **diese letzte Novelle Stefan Zweigs sehr pessimistisch** ist; auch wenn es ihm gelingt, sich „hinter dem Chronisten zu verstecken". In Dr. B. tritt uns sein zerstörtes 'alter ego' entgegen. Hitlers Machtergreifung und das Nazi-Reich, das die Menschen in den furchtbarsten Krieg der Weltgeschichte stürzte, waren für den kultivierten Österreicher, den Humanisten und Pazifisten, eine gänzlich unverständliche Wende in die Barbarei. Alles, aber auch alles, was ihm als Wert, den es zu verteidigen galt, zugewachsen war (– die Würde des Lebens und der Natur, die Achtung des Menschen und seiner Kultur, Kunst als Brücke zwischen den Völkern –), wurde vernichtet und zersprengt. Daß Zweigs eigenes Leben sich in einen immer enger werdenden Schachte hineinverdunkelte, war von fast logischer Unerbittlichkeit, wie das folgende Schaubild darzustellen versucht:

STEFAN ZWEIG,

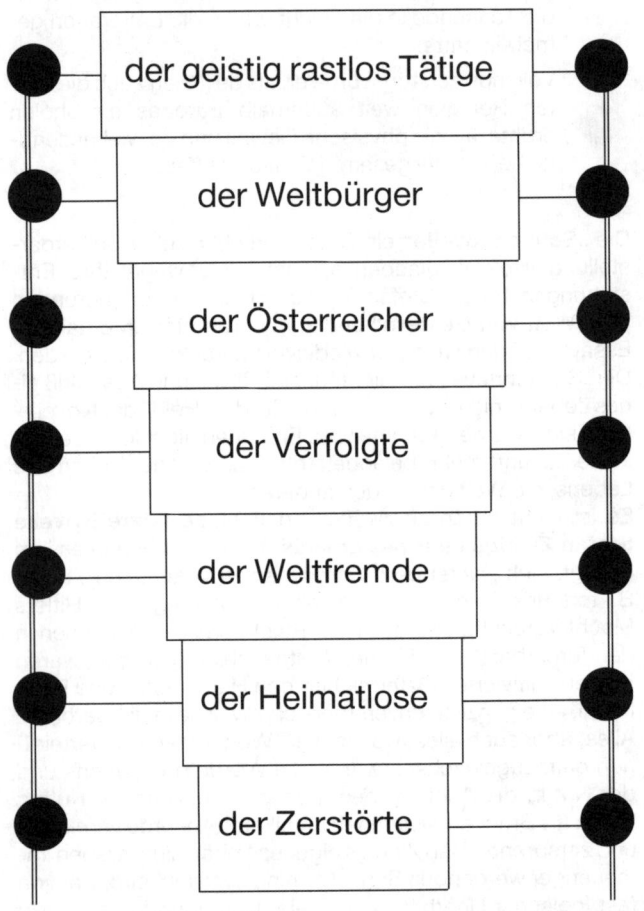

der geistig rastlos Tätige

der Weltbürger

der Österreicher

der Verfolgte

der Weltfremde

der Heimatlose

der Zerstörte

Ganz vordergründig waren **Zweigs Reisen** häufig genug Flucht vor Stimmungen und Depressionen, die ihn überfielen. Es braucht aber kaum mehr betont zu werden, wie sehr das Reisen gerade zu seiner geistigen und künstlerischen Entwicklung beigetragen hat, wie sehr er als Mensch darin reifen konnte. Die Annäherung an fremde Kulturräume und ihre herausragenden Repräsentanten war für ihn ein höchst sinnlicher, atemberaubender Vorgang. Aus der großen Zahl von Beispielen seiner gleichsam tastenden Annäherung bis zum Sich-dazugehörig-Fühlen mögen stellvertretend der Briefwechsel mit Maxim Gorki und der Verhaeren-Aufsatz erwähnt sein.[9]

Sie verdeutlichen sehr anschaulich Zweigs eigentümliche Vorgehensweise, in der es Züge gibt, die uns – im Abstand der Zeit – manchmal fast peinlich berühren könnten, wüßte man nicht, daß sich darin auch eine Haltung der Zeit spiegelt. Es ist zumindest immer die große Distanz, die auffällt, die bescheidene Zurückhaltung, ehe der Ton persönlicher, drängender wird. Stefan Zweig ruhte nicht, bis er sein Ziel erreicht hatte, nämlich willkommen und akzeptiert zu sein – dazuzugehören. Es wäre ungerecht, diese Art des Sich-Andienens und schließlich des Besitzergreifens allzu kritisch zu werten. Was Zweig ganz persönlich angeht, so kann sie durchaus angesiedelt werden auf der Ebene seiner ausgeprägten kulturellen Neugier und Sammelleidenschaft, die auch vor Menschen nicht haltmachte: Menschen 'sammeln' wie seltene Gegenstände, wohl wissend um ihre Kostbarkeit, um entsprechend pfleglich und behutsam mit ihnen umzugehen, dabei auch ins Versponnene geratend („Buchmendel").[10] Zweigs ruhelose, suggestiv-gierige Inbesitznahme war freilich durch Geist und Etikette gemäßigt und wurde in dankbarster Weise zurückverwandelt als „Allgemeingut", im Medium seiner Erfahrung, als sprachlich-künstlerische Transformation, als Literatur.

9) Vgl. Maxim Gorki-Stefan Zweig, Briefwechsel, S. 39. z.B., und Stefan Zweig, Erinnerungen an Emile Verhaeren. In: Menschen und Schicksale, S. 147–196.
10) Vgl. Stefan Zweig. Die unsichtbare Sammlung – Buchmendel. Zwei Erzählungen.

Zweig war selbst ein „ungeduldiger und temperamentvoller Leser"[11], und jede Begegnung war stets sofortiger Impuls zum Schreiben, sei es Begegnung mit Land, Literatur oder Leuten. Die Reisekarte ist eine Landschaft der persönlichen Beziehungssuche, vollendete Höflichkeit und kultivierte Noblesse immer eingeschlossen. (Die Begegnungsszene in der „Schachnovelle" zwischen dem Chronisten und Dr. B., auf die noch einzugehen sein wird, vermittelt dem Leser eben jene Etikette, die der Oberschicht seiner Zeit und Herkunft geläufig waren.)–

Zweigs Gegner fanden (und finden) dann auch Anlässe genug, das Steife, Aufgesetzte und Gekünstelte seiner Art und seiner Literatur zu belächeln bzw. zu kritisieren. So mußte ein Friedrich Sieburg als europhiler Grandseigneur der deutschen Literatur mit seiner kühlen 'ratio' und romanischen Klarheit des Stils auf ein Buch wie „Die Welt von Gestern" regelrecht allergisch reagieren. Er bedachte dann auch Zweigs Erinnerungsbuch – mit einigen Seitenhieben auch auf das übrige Werk – mit den folgenden Sätzen:[12]

„(...) Er hinterließ einen Rückblick auf sein Leben unter dem wohlüberlegten Titel »Die Welt von Gestern«.
Der Rückblick erhält seine kummervolle Würde durch eben dies »epochale Bewußtsein«, dem der Verfasser sich hingibt. Aber aus der gleichen Quelle stammen seine Irrtümer und Unzulänglichkeiten. Das Auge, mit dem man dieses Buch liest, wird von dem persönlichen Geschick des Verfassers (das eben kein rein persönliches war) und dem Anteil, den jeder Überlebende daran hat, stets verschleichert sein. (...) Alles, was das neue Jahrhundert ausmacht, erlebt er nur noch als erstaunt Leidender, ohne eine Waffe der Abwehr in der Hand, als Gewaltloser.
Dieser Wesenszug entschiedener Gewaltlosigkeit sichert dem Schriftsteller, der mit seinen Essays, seinen historischen

---

11) Stefan Zweig. Die Welt von Gestern, S.

12) F. Sieburg. Nur für Leser, S. 28–29

Biographien, seinen Novellen beispiellose Bucherfolge er-
rungen hat, die nachlebende Sympathie auch derer, die sich
mit der gepflegten Unpersönlichkeit seiner Darstellung und
seines Stils nie befreunden konnten. Nie ist er »zu einer persönlichen Form der Aussage gelangt«, wie er irrtümlich an-
nahm, aber gerade mit dieser Schwäche hat er sich wohl die
leichte Übersetzbarkeit seiner Werke ermöglicht, die mit
Vorliebe bereits geformte Gestalten oder Probleme behan-
deln und jedem gebildeten Leser in jedem Land von vornherein angepaßt sind..."

Das von Sieburg Bemängelte war allerdings ein **literarisch-
ästhetisches Programm** mit Zweig als künstlerischem
Vorreiter. Es entsprach dem aufbruchstarken, opponieren-
den Geist der 20er Jahre unseres Jahrhunderts. Zweig hatte
den Begriff „neues Pathos" in die Literatur eingebracht und
als vornehmste Aufgabe dem Dichter auferlegt, „die Gewalt
des Gefühls gegen die Gewalt der Umwelt" zu stellen.[13]

Es mag seine ganz persönliche Tragik sein, daß er in diesem
'Sentimentalischen' verhaftet blieb, mithin den politischen
Realitäten der Zeit nicht gerecht werden konnte und Themen von Größe und Bedeutung romantisierend beinahe
schon wieder ins Triviale stilisierte.[14]

Interessant und erstaunlich allemal bleiben dabei der Umfang und die Vielseitigkeit in Zweigs literarischem Schaffen.
In seinem breitgefächerten Werk fällt die **Systematik** auf, mit
der er dem Leben, den Menschen und der Geschichte
nachspürte. Dies geschah auf unterschiedlichen Ebenen.
Seinem ehrgeizigen Bemühen, in die Nähe bedeutender
Persönlichkeiten zu gelangen, verdanken wir – über seine
ausgedehnten **Briefwechsel** hinaus, und mit wem hat er

---

13) S. Zweig. Das neue Pathos. In: Das literarische Echo (1909), und D. Bertl/
   U.Müller. Vom Naturalismus zum Expressionismus, S. 83.
14) In diesem Zusammenhang erwähne ich die beiden Kriegserzählungen
   „Episode am Genfer See" und „Das Kreuz". – Vgl. Stefan Zweig, Verwir-
   rung der Gefühle, S. 182 – 188, und E. M. Frank (Hg.), Geschichten aus
   den Kriegen, S. 9 – 19.

nicht korrespondiert! – seine **biographischen Miniaturen und Portraits**, die zu lesen mehr als nur unterhaltsam ist. Da ihm Sprachen offensichtlich zufielen (–er korrespondierte auf Englisch und Französisch ebenso geläufig wie auf Deutsch–), besitzen wir **Übersetzungen und Nachdichtungen** großer Autoren, mit denen er, namentlich in seinen jüngeren Jahren, erfolgreich an die Öffentlichkeit gelangte. Der Sinn für geschichtliche Zusammenhänge und psychologische Hintergründe führte ihn immer wieder zu Materialien und Menschen, die er in seinen großen **Entdecker-, Staatsmann- und Künstlerbiographien**, auch in **Erzählungen** und **Novellen** mit unverkennbar eigener Handschrift, literarisch verdichtete. Jedem einigermaßen mit Zweigs literarischem Schaffen Vertrauten fallen in diesem Zusammenhang sofort die berühmten **„Sternstunden der Menschheit"** ein. Seine Fähigkeit zur genauen umfassenden wie analytischen Beobachtung und die feine Darstellungskunst machen auch seine **Reisebilder** zu wahren Leseerlebnissen. Daß am Ende sein wohl ehrgeizigstes Werk, die große Balzac-Biographie, für die er lange und ausführliche Studien getrieben hatte, unvollendet blieb [15]), beweist, daß auch ihm, dem (scheinbar) so mühelos Schaffenden und so Erfolgreichen, durch Zeit und persönliche Umstände sehr menschliche Grenzen gesetzt wurden, die ihn nicht weniger sympathisch machen. Zweig war, bei aller Leidenschaft für das geschriebene Wort, kein Vielschreiber im negativen Sinne, obwohl er eigentlich alles zu 'Literatur' machte, was ihm begegnete und ihn bewegte.[16]) Was im Ergebnis am Ende glatt abgeschlossen vorlag, war durch den Prozeß des künstlerischen Formens gegangen, mit dem er es sich nie leicht machte. Nahezu alle Bücher sind in abwägender Deliberation und Reflexion in Zweigs Kopf heran-

---

15) R. Friedenthal bearbeitet die von Zweig hinterlassenen Balzac-Materialien und gab sie als Buch heraus. – Das 'fertige' Handexemplar des Balzac, das Friedenthal redigierte, war die 3. Fassung Zweigs. – Vgl. Stefan Zweig, Balzac, Nachwort des Herausgebers, S. 398 f.

16) Vgl. auch das knappe, aber in dieser Hinsicht sehr informative Nachwort von Knut Beck (Hg.) zu Stefan Zweigs „Begegnungen mit Büchern", S. 237-245

gereift, ehe sie niedergeschrieben und, nicht selten mehrfach verändert, in ihrer gültigen Gestalt fixiert wurden.

Manches wiederholt sich in Stefan Zweigs Werk, das wir begreifen können als eine Kette unermüdlicher Variationen eines einziges Grundgedankens: **Dem Leben, den Menschen und der Kunst zu dienen**. Daß er dabei soviel in sich aufgenommen und als zumeist anmutige, nie langweilige „pìeces d'esprit" an uns weitergegeben hat, macht seine soziale wie unbestreitbar auch künstlerische Bedeutung aus. Ich greife diese Überlegungen in den beiden folgenden Hauptkapiteln noch einmal auf.

REISELAND   ANZAHL/ZEIT

AFRIKA	●	1905
BELGIEN	●●	1902/14
DEUTSCHLAND	●●●	1902-03/12/27
ENGLAND	●●●●●●	1904/06/33/34/36/39
FRANKREICH	●●●●●	1900/04/25/31/40
INDIEN	●	1908-1909
ITALIEN	●	1930
MITTEL-SÜDAMERIKA	●●●	1911/36/40/41-42
SCHWEIZ	●●●	1917/18/34
SOWJETUNION	●	1928
SPANIEN/PORTUGAL	●●	1905/38
USA	●●●●●	1911/35/38/40/41

ZWEIGS GROSSE REISEN · AUFENTHALTE

Wir beschränken die Angaben in der obigen Grapik auf wirklich bedeutsame Reiseanlässe und Zeiten seiner Auslands aufenthalte.

Der **Zeittafel** ist zu entnehmen, welche Motive zum Reisen jeweils vorlagen, und welche Umstände sie begleiteten.

Frankreich, England, USA und Lateinamerika ragen dabei aus den vielen Reisezielen heraus, was Häufigkeit und zeitlichen Umfang anbelangt.

Gerade England und Südamerika waren für ZWEIG im Kampf um's Überleben von größter Bedeutung.

2. TEXT und AUTOR

Die „Schachnovelle" erschien 1943 nach Zweigs Tod bei Bermann-Fischer in Stockholm. Nicht einmal 100 Seiten stark, zählt sie zu Zweigs 'schwierigen' Werken, schwierig, was die Entstehungsumstände, schwierig auch, was ihren Gehalt angeht. In seinem Erinnerungsbuch[17] schreibt der Verleger Bermann-Fischer über sein persönliches Bekanntwerden mit Stefan Zweig in dessen Londoner Exil ungefähr zum Zeitpunkt der ersten gedanklichen Konzeption dieser Novelle:

„Von meinem zweiten Besuch in London im Juni 1938 brachte ich neben dem uns so sehr am Herzen gelegenen Hofmannsthalvertrag ein weiteres Verlagswerk in den neuen Exilverlag ein, das Werk von Stefan Zweig. Er hatte mich zu sich nach London gebeten, und empfing mich in seiner kleinen Wohnung in der Half Moon Street. Ich war ihm bis dahin nur einmal ganz flüchtig begegnet. Aber ich wußte von seiner uneigennützigen Bereitschaft, seinen jungen Schriftstellerkollegen zu helfen und sie mit Rat und Tat zu unterstützen. Ich hatte mir schon lange gewünscht, diesen Mann kennenzulernen, der bei seiner eigenen umfangreichen Arbeit immer Zeit für andere hatte und seinen ererbten Reichtum zur Unterstützung weniger Begünstigter benutzte.
Er war ein Grandseigneur: mit peinlicher Sorgfalt gekleidet, von unauffälliger Eleganz, wie sie zu seiner eher zarten Konstitution paßte, und von hoher Intelligenz. Schon lange vor der Okkupation hatte er Österreich verlassen, sein Haus in Salzburg aufgegeben, tief enttäuscht und verzweifelt über die politische Entwicklung, die er vorausahnte. Als ich ihn traf, hatte man ihm gerade die britische Staatsbürgerschaft zugesagt. Mit seiner Sekretärin, die er nach der Scheidung von seiner ersten Frau heiratete, setzte ich den Verlags-

---

17) Gottfried Bermann-Fischer, Bedroht – Bewahrt, S. 141

vertrag über seine früheren und zukünftigen Bücher auf, die nun zusammen mit dem Werk von Thomas Mann, Hugo von Hofmannsthal, Franz Werfel und Carl Zuckmayer die Grundlage für die Weiterentwicklung des neuen Verlages bildeten."

Von diesem Zeitpunkt an, nach 1945 in vollem Umfange, gehörte das Werk Stefan Zweigs zum Stammbesitz im Haus Fischer. Kurz vor Zweigs Tod war Gottfried Bermann-Fischer noch einmal mit dem Autor zusammengetroffen. Im Rückblick auf die Stockholmer Jahre 1943/44, als der Krieg Europa vollends zu verwüsten begann, findet der Verleger sehr mitfühlende, aber auch sehr klare Worte über den Autor der „Schachnovelle" und dessen damaligen Zustand, Worte, die jede Spekulation über andere Motive seines Selbstmordes überflüssig machen[18].

„1943 und 1944 konnte ich dem Verlag in Stockholm wieder einige außerordentliche Werke zuführen, die seiner Weiterexistenz Sinn verliehen: Thomas Mann hatte den vierten Band der Josephs-Tetralogie, ›Joseph der Ernährer‹, vollendet. Von Stefan Zweig erschienen zugleich drei Bände, seine gesammelten Aufsätze von 1904 bis 1940 unter dem Titel ›Zeit und Welt‹, eine um fünf historische Miniaturen vermehrte Neuausgabe seiner berühmten ›Sternstunden der Menschheit‹ und die unter tragischen Umständen bei mir eintreffende Erzählung ›Schachnovelle‹. Dazu der erste Roman von William Saroyan, ›Menschliche Komödie‹, unseres Freundes Friedrich Torberg Erzählung ›Mein ist die Rache‹ und des amerikanischen Präsidentschaftskandidaten Wendell Willkie damals aufsehenerregendes politisches Buch ›Unteilbare Welt‹.

Der Brief, mit dem Stefan Zweig sein Manuskript bei mir ankündigte, kam in meine Hände, kurz nachdem die Nachricht von seinem Selbstmord in Brasilien durch die Zeitungen bekanntgeworden war.

---

18) a.a.O., S. 203

Über seinen Freitod wurde viel gemunkelt. Es gibt eine einfache Erklärung: Verzweiflung am Leben. Ich traf ihn, den sonst so gepflegten, eleganten Mann, kurz vor seiner Abreise nach Brasilien, in bemitleidenswertem Zustand, unrasiert, mit hochgeschlagenem Mantelkragen, sich an den Häuserreihen einer New Yorker Straße entlangdrückend. Als ich ihn ansprach, erschrocken über seinen Zustand, klagte er mir sein Leid, seine Sorgen um die verzweifelte Lage der freien Welt, den unvermeidlichen Sieg der bösen Gewalten. Sich selbst klagte er an, daß er England, das ihm die Bürgerrechte verliehen hatte, verlassen habe; man würde ihm das dort nie verzeihen. Er war in einer schweren Depression, nicht frei von Verfolgungsideen und rationalem Zuspruch ganz unzugänglich. In diesem Zustand muß er später in Brasilien den unseligen Entschluß gefaßt haben."

Ich möchte mich nunmehr mit einigen Briefzitaten Zweigs zunächst dem Entstehungsumfeld der Novelle etwas genauer zuwenden, ehe auf die Topographie des Textes selbst einzugehen ist. Ich setze beim Leser die Kenntnis der Novelle voraus und betrachte daher die inhaltsbezogenen Einlassungen lediglich als Erinnerungsstütze (Kapitel 2.2.).

In Verbindung mit dem Kapitel 2.3 gehe ich dabei auf einzelne **Deutungsaspekte der Novelle** ein, ehe in einem Exkurs der **zeitgeschichtliche Hintergrund** als Spannungsfeld zwischen dem „Gestern" und dem „Morgen" aus Zweigs Blickwinkel beleuchtet wird (Kapitel 3). –

Da Stefan Zweig im Literaturunterricht hierzulande gewöhnlich eine Rarität ist, möchte ich sodann in einem knappen Entwurf Vorlagen für **zwei Stundenreihen** skizzieren, in denen Zweig als Wahlautor für Schüler ab Klasse 10 im Mittelpunkt steht. Die Beispiele sollen auf Möglichkeiten hinweisen, unseren Literaturunterricht mit diesem 'seltenen Gast' zu bereichern. Der Hauptvorschlag ist dabei auf die **„Schachnovelle – Anregung zu einem Kurzfilm"** – gerichtet (Kapitel 4)

2.1 ENTSTEHUNGSUMFELD

Die vorangestellten Daten (Kapitel 1) zeigen sehr deutlich, daß Stefan Zweigs Lebenskurve bereits von 1935 an steil nach unten zog. Seinen ständigen Wohnsitz hatte er da schon im Ausland genommen. Mehr und mehr wurde ihm bewußt, daß die 'alte Zeit' vergangen war. Die Zukunft versprach ihm wenig Verheißungsvolles. In seinen Briefen aus dieser Zeit fällt ein stark resignativer Grundton auf, die Absage an das Leben. Darüber können auch die Mitteilungen über zahlreiche literarische Projekte, die er weitgehend bis zu seinem Tode auch noch realisierte, nicht hinwegtäuschen.

Gleichzeitig mit dem endgültigen Verlust der Heimat war auch Zweigs Ehe zerbrochen. Mit seiner Sekretärin Lotte Altmann begann ein letzter Lebens- und Schaffensabschnitt für Stefan Zweig. Die Verbindung war keineswegs unproblematisch. Bis zuletzt blieb Friderike seine Vertraute (vgl. Brief vom 22. 02. 1942), ein Umstand mehr, der beweist, wie schwierig die ganz privaten Verhältnisse lagen. [19]).

Zweigs letzter Wohnsitz war Petrópolis/Brasilien, ein idyllischer Vorort Rios, [der gerade zu Beginn dieses Jahres (1988) mit Nachrichten über Naturkatastrophen ungewöhnliche Schlagzeilen machte]. Zweig war froh, diese Bleibe gefunden zu haben und unbelästigt arbeiten zu können. Dennoch vermißte er trotz gesellschaftlicher Anbindung [20] Freunde und die großen Bibliotheken, wie sie ihm aus seinen nordamerikanischen Aufenthalten vertraut und 'heimatlich' geworden waren in der Fremde. Die Erinnerungen an die vergangenen Zeiten lasteten schwer auf Stefan Zweig, auch wenn es ihm gelang, sie vorübergehend zu verdrängen. Die innere Widerstandskraft war dann relativ schnell gebrochen. Als Vertriebener aus einem Paradies gab er sich und Lotte in dem Land, dessen Segnungen er pries, am 22.02.1942 den Tod.

---

19) Wir verweisen hierzu auf die Biographie von D.A. Prater, Stefan Zweig – Das Leben eines Ungeduldigen, S. 354 – 374.

20) Stefan und Lotte Zweig waren gern gesehene Gäste der Polit- und Kulturgrößen Brasiliens (z.B. des Direktors der Stadtbibliothek, des Präfekten von Petrópolis), und sie empfingen auch Besucher. Aber im ganzen waren und blieben sie 'Fremde'.

Aus den letzten großen Arbeiten Stefan Zweigs ragt die „**Schachnovelle**" als ein sehr eigenwilliges und eigentümliches Werk heraus. Sie entstand zwischen 1938 und 1941, in einer Zeit reger Erkundungs- und Vortragsreisen und bereits geprägt vom Lebensverzicht ihres Autors. Die Novelle ist die letzte schöngeistige Prosastudie Stefan Zweigs. Sie ist absolut fremdartig im Reigen der zuvor geschriebenen Novellen und Erzählungen, die ebenfalls (– nur anders –) auf Gesellschaft und Geschichte bezogen waren, anders auch als die übrigen in den letzten Lebensjahren fertiggestellten Arbeiten, auf deren geistige Verwandtschaft einleitend bereits hingewiesen wurde[21]. Zurecht wird auf die große „innere Polarität seines Wesens" in jenen Jahren aufmerksam gemacht, die sich auffallend auch in der Wahl der Stoffe widerspiegelt, an denen er arbeitete.[22]

Stefan Zweig war sich der Fremdartigkeit und Besonderheit seiner letzten Novelle durchaus bewußt. An den berühmten Schriftsteller **Joseph Roth**, dem er ein knappes Jahr später die Grabrede halten würde, schrieb er im Sommer 1938:

„Lieber Freund, Sie schweigen mich hartnäckig an, ich aber denke oft und herzlich an Sie. Mein Leben ist in letzter Zeit arg überhäuft, ich habe das Buch glücklich auscorrigiert (was bei mir beinahe: Nocheinmalschreiben heißt), dann **Material gesammelt zu einer Novelle (oder Art symbolischer Novelle), an der ich jetzt schon schreibe, nur immer wieder verstört. Ich muß bei der Arbeit allein sein (bei der conceptiven zumindest) und wollte seit 10 Tagen nach Boulogne flüchten, aber das Wetter ist erbarmungslos.**"

Friderike teilte er am 17. Sptember 1941 mit:
„Die Nachrichten aus Europa sind grauenhaft. Es wird ein Winter des Schreckens werden, wie ihn die Welt noch nicht gekannt.

---

21) Zu ihnen zählen: „Balzac" (Biographie-Fragment), der „Montaigne-Essay", das Erinnerungsbuch „Die Welt von Gestern" und die „Schachnovelle".
22) A. Bauer, Stefan Zweig, S. 88. – A. Bauer bezieht sich auch auf „Magellan" und „Amerigo"; sicherlich ist in dieser Spannung auch „Brasilien – ein Land der Zukunft" anzusiedeln.

Ich will hier in diesem Monat die Autobiographie korrigieren und intensivieren, auch plane ich eine kleine abseitige Novelle, und so wird es mir, sofern die Ruhe bleibt, an Arbeit nicht fehlen. Hätte ich nur die amerikanischen Bibliotheken zur Hand!

Ich werde allenfalls aber nur in großen Zügen den Grundriß machen und einfügen, sobald mir einmal wieder Gelegenheit geboten ist."

Sein späterer Biograph und Herausgeber R. Friedenthal erhielt am 27. Oktober 1941 folgende Nachricht:

„Ich selber arbeite weiter, aber ohne das alte Vergnügen am Werk. Ich fühle beim Schreiben, daß ich kein rechtes Publikum mehr habe wie früher. Und zuweilen werde ich etwas nachlässig, weil ich doch nur für den Übersetzer schreibe.

Herzlichste Grüße an Beheim. Ich versuche gerade eine sehr seltsame »Schachnovelle« zu schreiben, und seine Gegenwart wäre mir dabei wertvoll."

Ebenfalls am 27. Oktober in einem langen Brief an Friderike:

„Per Spaß machte ich mit Frischauer eine Scizze zu einem brasilianischen Film (ohne an Realisierung zu denken), habe aber Aufsätze erst nicht geschrieben, sondern nur eine kuriose Novelle entworfen, die Ihnen vielleicht gefiele – eine Schachnovelle mit einer eingebauten Philosophie des Schachs, ich habe sie aber noch nicht abgeschlossen."

Und schließlich konnte er am 30.01.1942, drei Wochen vor seinem Tode, dem Schriftsteller und Regisseur Berthold Viertel den Abschluß der Arbeit melden:[23]

„Ich selber schreibe an einem Buch über Montaigne, den »homme libre« – den Vorkämpfer für die innere Freiheit in einer Zeit wie der unseren, der an der gleichen Verzweiflung leidet, weil er gerecht und weise bleiben will durch seinen

---

23) Alle Briefzitate sind dem Band **Stefan Zweig, Briefe an Freunde**, entnommen (S. 291, 331, 333, 337 und 345). – Stefan Zweig galt als mäßig guter Schachspieler; der erwähnte Martin Beheim-Schwarzbach – selbst Emigrant und Schriftsteller – war hingegen eine bekannte Schachgröße.

fanatischen Freiheitssinn (unter Beiseitelassung und Verachtung für allen zeitigen äußeren Erfolg). **Dann habe ich eine aktuelle längere Erzählung geschrieben**; meine Autobiographie wird in Schweden bei Bermann-Fischer herauskommen und in den U.S.A. bei unserem Freund Hübsch."

Zweig charakterisiert in diesen Briefen seine Novelle als „symbolisch", „abseitig", „seltsam", „kurios" und – erst im letzten Briefzitat – „aktuell". Mit aller Vorsicht läßt sich daraus der Schluß ziehen, als habe sich die Novelle in den drei Jahren ihres Entstehens erst allmählich auch im Bewußtsein ihres Autors zu einer wirklich politisch-aktuellen Botschaft geformt. Im Teilkapitel 2.2 wird darauf näher eingegangen.

2.2. BAUFORM – INHALT – CHARAKTERE

Die „Schachnovelle" ist eine Rahmennovelle [24], die sich in einen äußeren Rahmen und in eine Binnenerzählung gliedert. Sie umfaßt drei Teile: Rahmenhandlung (I) – 'Novelle in der Novelle' – Rahmenhandlung (II).
Die strukturelle Konzeption der Novelle läßt sich in einer einfachen **Skizze** veranschaulichen: [25]

---

24) Nach O.F. Best lassen sich zwei Grundformen von Rahmenerzählungen unterscheiden: solche, die eine Vielzahl innerlich zusammengehöriger Einzelerzählungen zyklisch zusammenbinden, und andere, die eine Einzelerzählung perspektivisch in sich einschließen. – O.F.Best, Handbuch, S. 218

25) Skizze übernommen aus: R. Giese / D.Floto, Basisinterpretationen, S. 86

STRUKTURSKIZZE

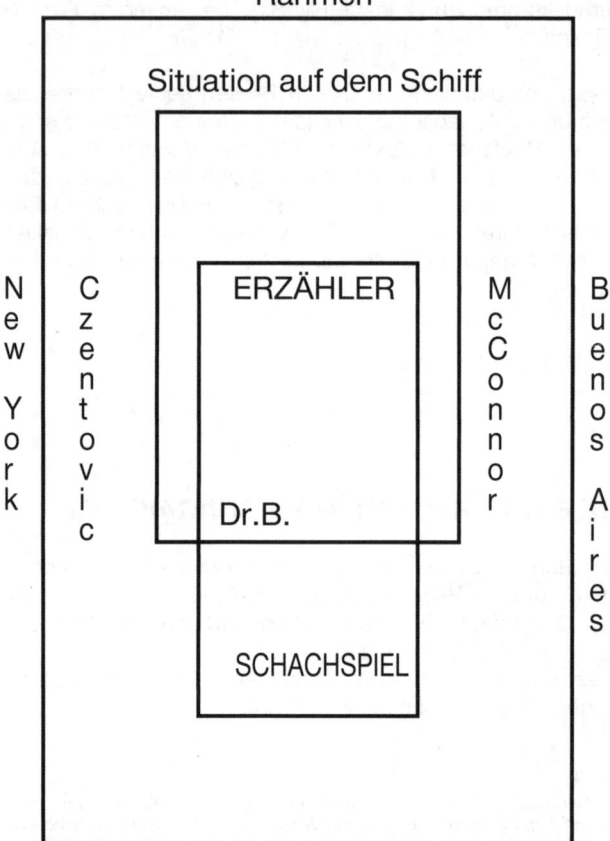

Die übersichtliche Formalstruktur der Novelle entspricht dem 'schwarz-weiß'-Muster des Schachfeldes. Gegenwart und Vergangenheit als die dominanten Zeiträume der Handlungen werden auf diese Weise zugleich voneinander abgehoben und miteinander verzahnt.

In einem ersten Zugang befassen wir uns mit den HAUPTINHALTSZÜGEN der Novelle (S. 7–42; S. 42–82; S. 83–95), um anschließend ihren Details analysierend nachzuspüren.

Schauplatz der Novelle ist ein großer Passagierdampfer der Linie New York – Buenos Aires. Der Chronist (als Ich-Erzähler), ein gewisser Mr. McConnor (Tiefbauingenieur, der in Kalifornien zu beachtlichem Wohlstand gekommen ist, Mirko Czentovic (legendärer Schachweltmeister), und Dr.B., ein ehemaliger Vermögensverwalter eines österreichischen Klosters und Ex-Gestapohäftling, sind die **Hauptpersonen**. Um sie gruppieren sich 'Statisten' ohne textbedeutsame Funktionen.

✳

An Bord des Luxusdampfers wird der Chronist, zweifelsfrei der Autor selbst, von einem mitreisenden Bekannten auf den legendären Schachweltmeister, der im Blitzlichtgewitter von Pressekameras steht, aufmerksam gemacht, von dem er wohl gehört, den er aber persönlich noch nicht kennengelernt hatte. Er beschließt, während der Fahrt aus besonderem Interesse an allen „Arten von monomanischen, in eine einzige Idee verschossenen Menschen", den Schachweltmeister „näher unter die Lupe zu nehmen". (17)

Die Aussichten dazu scheinen gering, denn Czentovic bietet keine Gelegenheit, sich ihm – ohne Zudringlichkeit – zu nähern. Mit einem Trick gelingt es dem Erzähler nach einigen Tagen aber doch, die Aufmerksamkeit Czentovic' auf sich zu lenken: Mit einigen Schachinteressenten veranstaltet er so etwas wie einen 'Schaukampf'. Tatsächlich tritt der Schachweltmeister hinzu, zeigt aber nach kurzem Aufmerken kein weiteres Interesse, das Spiel der Dilettanten zu verfolgen.

McConnor, einer der Mitspieler, zeigt sich höchst eingenommen von der Idee, ein Spiel um Geld gegen den Weltmeister auszuhandeln, wenn er sich selbst auch keine Chance zu gewinnen einräumt.

Es gelingt ihm, Czentovic für 250 Dollar Gage zu einer Beratungspartie zu überreden. Ein knappes halbes Dutzend leidlich guter Schachspieler kann zum Mitmachen animiert werden. Czentovic spielt seine Gegner ohne Mühe aus, und die Partie endet nach dem 24. Zuge.

McConnor fordert Revanche; Czentovic nimmt an. Rasch sind die Amateurspieler wieder in Verlegenheit und stehen kurz vor dem „Matt", als sich ein Fremder einschaltet, zur Korrektur eines von den Partnern gerade miteinander vereinbarten Zuges rät, dabei stupende Kenntnisse auch über die Theorie des Spiels zu erkennen gibt und die Partie offen gestalten kann, so daß er dem Weltmeister ein Remis abzwingt.

Man ist total aus dem Häuschen. Czentovic verlangt eine dritte Partie (37). In seiner Begeisterung erhofft McConnor die Teilnahme des Unbekannten. Dieser lehnt jedoch heftig ab und zieht sich auffallend erregt zurück. Ehe Czentovic geht, bietet er die dritte Partie noch einmal an, auch gegen den Herrn, der etwas befremdlich und „interessant" gespielt, dem er deshalb absichtlich „eine Chance gelassen" habe (38). Die Zurückbleibenden sind amüsiert über diese letzte Bemerkung, die aus ihrer Sicht absolut unzutreffend ist und zeigt, wie sehr der Ausgang der Partie den Weltmeister irritiert hat und wie sehr er bemüht ist, sich einen guten Abgang zu verschaffen.

Als sich nach Rückfragen beim Steward herausstellte, daß der unvermutet aufgetauchte und auffällig rasch verschwundene Schachpartner Österreicher ist, wird der Chronist als Landsmann von seinen Mitspielern aufgefordert, ihm als ihrem „Helfer" das Revancheangebot Czentovic' zu unterbreiten (40).

Der Erzähler findet ihn auf dem Promenadendeck und trägt ihm den Wunsch der Amateurgruppe vor, nachdem man sich kurz miteinander bekannt gemacht hat.

Dr. B., so ist der Name des talentierten, „interessant" spielenden Schachpartners, entstammt, wie der Erzähler sogleich erfährt, einer sehr angesehenen österreichischen Familie. Er zeigt sich sehr erfreut, als er hört, gegen einen wirklichen Weltmeister bestanden zu haben. Andererseits wehrt er alle großen Erwartungen und hochgesteckten Hoffnungen ab, die mit der Herausforderung zum Revanchematch verbunden werden. Er willigt aber ein, nicht ohne zu betonen, daß er seit seiner Jugend keine Schachfigur mehr berührt habe. Wohl gibt er zu, sich theoretisch und „unter ganz besonderen, ja völlig einmaligen Umständen" mit dem Schachspiel ernsthaft beschäftigt zu haben. Er lädt den Bittsteller ein, sich zu ihm zu setzen, um ihm einen „ziemlich komplizierte Geschichte" zu eröffnen, die „allenfalls als kleiner Beitrag zu (unserer) lieblichen großen Zeit" gewertet werden könnte (42):

Dr. B. hatte eine unauffällige Anwaltspraxis mit seinem Vater, später allein geleitet, die sich in Wirklichkeit auf die Rechts- und Vermögensberatung großer Klöster ausgerichtet hatte, dies unter strengster Diskretion. Die Verbindungen zum Klerus und zum Adel, einschließlich Angehörigen der kaiserlichen Familie, die sich aus dieser Betätigung entwickelt hatten, waren wichtig, aber auch gefährlich, als die Nationalsozialisten an die Macht gekommen waren. Rigoros und sehr systematisch hatten sie bald begonnen, private Besitztümer an sich zu reißen, den Klerus auszuschalten und mit den reaktionären Kräften aufzuräumen. Lange Zeit konnte Dr. B. die Verbindung zu den verfolgten Kreisen aus Kirche und Adel aufrechterhalten, ehe er trotz aller Vorsicht durch einen Spitzel, den er ahnungslos als Bürogehilfen in seiner Kanzlei beschäftigt hatte, denunziert und kurz darauf verhaftet wurde. Glücklicherweise war es ihm gelungen, belastendes Material rechtzeitig zu vernichten und die wichtigsten Dokumente bei seinem Onkel in Sicherheit zu bringen (46).
Dr.B. kam, wie viele andere auch, von denen die Gestapo wichtiges Material oder viel Geld erpressen zu können

glaubte, in „Sonderbehandlung", d.h. in die Isolierhaft eines Hotelzimmers, abgeschlossen von der Außenwelt. Er hatte nichts als sich allein und lebte „wie ein Taucher unter der Glasglocke im schwarzen Ozean des Schweigens, außerhalb der Zeit, außerhalb der Welt" (50).

Das dauerte 14 Tage, ehe die Verhöre begannen, raffiniert ausgeklügelte Fragespiele, die den Verhörten ungeheuersten psychischen Belastungen aussetzten. Die Rückkehr in die Isolation war eine Rückkehr in das „Nichts" (50), schlimmer als die Verhöre selbst. Das war die Methode: Wahnvorstellungen zu erzeugen, den geistig-psychischen Zusammenbruch abzuwarten und dann den Gefangenen ohne jede Anwendung körperlicher Gewalt zum Geständnis zu bringen.

Nach etwa vier Monaten zeigten die Verhöre ihre Wirkungen bei Dr. B.. Er verlor die geistige Klarheit; seine Widerstandskraft war gebrochen. Er war bereit auszusagen. Unerwartet jedoch kam ihm ein Zufall zu Hilfe, der ihn vor einem Geständnis bewahrte, mehr noch: ihm den Willen und die Kraft erhielt, die Verhörs- und Isolationsqualen zu überstehen.

Während einer ausgedehnten Wartepause vor einer weiteren Vernehmung entdeckte Dr. B. in einer Manteltasche ein Buch. Trotz aller Gefahren, entdeckt zu werden, und aller Unwägbarkeiten auch deren einer möglichen späteren Überführung, brachte Dr. B. das Buch an sich und rettete es über das Verhör hinaus in sein Zimmer. Es war ein Schachbuch, wie er zunächst mit einiger Enttäuschung registrierte, genauer, ein „Schachrepititorium, eine Sammlung von hundertfünfzig Meisterpartien" (61).

Dr. B. vertiefte sich in die ihm fremde und bedeutungslos erscheinende Materie, ehe er begriff, daß sie seine (geistige) Rettung war. Er begann, die Zeichen des Buches zu enträtseln und schließlich die Partien auf einem karierten Bettuch mit Figuren aus Brotkrumen nachzuspielen, ja, sich vollkommen einzuleben in die Logik des Spiels, als er spürte, wie sein „Gehirn aufgefrischt und durch die ständige Denkdisziplin sogar gleichsam neu geschaffen" wurde (65). Nach ca. drei Monaten aber stand er erneut vor einem Vakuum.

Er war an den Punkt gekommen, daß er die Partien automatisch und ohne innere Spannung abspulte. Er war leer und erschrocken und begann nun, neue Spielvarianten zu erfinden, indem er gegen sich selbst spielte, um seinem Hirn neue Nahrung, seinem Tun wieder Sinn zu geben (66).

Monatelang versuchte Dr. B., die Paradoxie eines „Doppeldenkens" zu entwickeln, „ein beliebiges Auf- und Abblendenkönnen der Gehirnfunktionen" (67), wenn er Weiß **und** Schwarz als Doppelstrategie spielte. In der schier aberwitziges Konstruktion von immer neuen Spielzügen, für die jede Realität fehlte, verlor Dr. B. allmählich den Boden unter den Füßen. Dabei war die Art der Bewußtseinsspaltung, die er in seiner eigenen zweifachen Gegnerschaft erzeugte, ebenso problematisch als der immer wieder neue Versuch, bis dahin ungespielte Partien vollständig neu zu erfinden. In ihm steigerte sich die selbstgestellte Aufgabe zur Sucht, die ihn unfähig machte, an etwas anderes als an „Schachbewegungen und Schachprobleme" zu denken (72). Selbst in den Verhören überlagerte die Gier, sein Spiel in der Abgeschiedenheit seines Hotelzimmers fortzusetzen, erlittene Qualen und die Furcht vor neuen. Dr. B. trieb sich zu immer schnellerem Tempo an und war nahe daran, den Verstand zu verlieren. In seinem Wahn griff er eines Tages einen Wärter an, verletzte sich – wild um sich schlagend – beim Abtransport in dringend gebotene ärztliche Obhut an der Hand, verlor das Bewußtsein und fand sich in einem angenehmen Krankenzimmer wieder, umgeben von einem gütigen Arzt und sanften Krankenschwestern, die ihn über seinen Zustand ins Bild setzten. In dieser Umgebung erholte sich Dr. B., und der Arzt erreichte seine Entlassung (79). Nach schier endlosem Papierkrieg war er frei und auf dem Wege, sich selbst eigentlich erst jetzt auf dem Schiffe wieder näher zu kommen. Er war dabei, die Ruhe und den Mut zu finden, sich des Vorgefallenen zu erinnern und sich darüber Rechenschaft abzulegen.

Dies erklärt dann auch sein traumhaft richtiges Schachspiel, seine Intervention, als die Partie gegen Czentovic verloren schien, als ihn, beim Zusehen, ein „falscher Zug wie ein

Stich ins Herz getroffen" hatte (81) und ihn zu einer Instinkt-
handlung hinriß; dies begründet dann auch sein befremd-
liches Benehmen am Ende der Partie.

Dr. B. ist also bereit, die Herausforderung anzunehmen als
„Probe", nur um zu sehen, ob er überhaupt eine „normale
Schachpartie, eine Partie auf einem wirklichen Schachbrett
mit faktischen Figuren und einem lebendigen Partner" spielen könne (81).

Als der Schiffsgong zum Abendessen ertönt – zwei Stunden
sind seit dem Beginn des Gesprächs vergangen – betont
Dr. B. noch einmal, daß er nicht mehr als nur die eine Partie
spielen möchte, um nicht wieder der Gier, dem Fieber, der
„Schachvergiftung" ausgesetzt zu sein (82).

Verabredungsgemäß finden sich am folgenden Tage alle
zum Spiel ein. Dr. B. gibt sich heiter und unbeschwert. Mit
größter Leichtigkeit erspielt er sich gegen seinen Gegner,
der langsam und konzentriert zieht, klare Vorteile. Schließlich gewinnt Dr. B. die Partie, schneller als man ihr Ende
überhaupt erwarten konnte. Czentovic fordert Revanche.
Gegen seinen Entschluß vom Vorabend, nur eine einzige
Partie zu spielen, nimmt Dr. B. an, mit einer, wie dem Erzähler scheint, „unangenehmen Begeisterung" (88). Eine
„sichtbare Exaltiertheit" überkommt nun Dr. B. (89). Er rea-
giert sehr heftig auf die behutsamen Mahnungen seiner
Partner, es bei dem einen Spiel zu belassen. Seinen Gegner
fordert er auf, schneller zu spielen; eine feindschaftliche Atmosphäre kommt auf. Czentovic bleibt ruhig und setzt seine
Figuren „boshaft langsam", wie der Erzähler empfindet (90),
und irritiert dadurch seinen unter höchster Anspannung ste-
henden Gegner, so daß dieser bereits beim 4. Zug die müh-
sam aufrechterhaltene Beherrschung verliert. Czentovic in-
des besteht kühl auf den vereinbarten 10 Minuten Zugzeit.

Im Verlaufe des Spiels wird Dr. B's. Verhalten immer aggres-
siver, nervöser. Den Betrachtern scheint er in einer ganz anderen Welt als der gegenwärtigen zu sein. Stets muß er in
die Gegenwart zurückgerufen werden, aber er braucht immer nur eine einzige Minute, um sich in der Wirklichkeit des

Spiels wieder zurechtzufinden (92). Beim 19. Zug jedoch wird er das Opfer seiner Vergangenheit: gedanklich offenbar ganz vertieft in eine andere Partie, ruft er völlig unvermittelt: „Schach! Schach dem König!"

Man macht ihn auf seinen Irrtum aufmerksam, den Czentovic auskostet, nichts ahnend von dem, was Dr. B. in diesen Augenblicken erneut durchlebt.

Als Dr. B. sich seiner Verfassung bewußt wird, zieht er sich unter vielen Entschuldigungen" in der gleichen bescheidenen und geheimnisvollen Weise, mit der er zuerst erschienen war", zurück (94). Niemand der Anwesenden, mit Ausnahme des Erzählers, kann sich die Vorgänge erklären. McConnor läßt seiner Enttäuschung mit einem kräftigen Fluch freien Lauf. Czentovic hat seine alte Sicherheit zurückgewonnen und verläßt mit einer großmütigen Floskel über das Können seines (geschlagenen) Kontrahenten den Spieltisch (95).

✳

Die Personen der Novelle sollen nun verglichen und charakterisiert werden. Das kann nicht in einer ausgeführten Analyse geschehen. Gemessen an der (engumrissenen) Zielsetzung des Bandes genügt es, die **natürlichen und sozialen Merkmale** der Hauptpersonen und ihre Funktionen innerhalb des Textes knapp zu skizzieren.

Mit einiger Berechtigung kann von einem **'Personenkreis'** in dieser Novelle die Rede sein. Dazu gibt das wiederkehrende Bild der um den Schachtisch gedrängten Spieler ebenso Anlaß wie ihre schicksalhafte Bindung aneinander in einer für sie alle einmaligen und merkwürdigen Situation.

Aus der großen anonymen Menge der Passagiere auf dem Luxusdampfer hebt Stefan Zweig nur **drei Personen** hervor, um sie im Lichte von Zeit und Geschichte zu spiegeln. Der Aufwand an Mitteln zur Darstellung der MC CONNOR, CZENTOVIC und DR. B. ist gering, die erzielte Wirkung hingegen sehr eindringlich, so daß Hans Habe die Gestalt des „Dr. B." gar in die Nähe der großen Buchgestalten rückt, die sich dem Leser tief einprägen.[26] Während der Erzähler sich selbst als Beobachtenden und verhalten Agierenden weitgehend „neutralisiert" (und dennoch die eigentlich dominierende Figur der Novelle ist), erhalten die erwähnten Zentralfiguren des Geschehens eine ganz individuelle Kontur.

In Czentovic und „Dr. B.", denen sich der Autor mit wechselndem Interesse zuwendet, prallen zwei starke Gegensätze aufeinander. Zwischen ihnen gibt es keine Annäherungsmomente. – Mc Connor und den Erzähler verbindet die Gelegenheit, einem ungewöhnlichen Ereignis beizuwohnen. Während den Geldmann aus Kalifornien das Sensationelle reizt, das man sich mit Geld erkaufen kann, ist der Chronist am Hintergründigen und menschlich Besonderen der Situation interessiert. – „Dr. B." bleibt McConnor so fremd wie dieser ihm gleichgültig ist. – Von McConnor zu Czentovic gibt es die Brücke des zählbaren Erfolges. Er ist ihre Welt. – „Dr. B." und der Erzähler schließlich teilen die gemeinsame Leiderfahrung als österreichische Emigranten auf der ständigen Flucht.

Somit hat dieser abgezirkelte Personenkreis in seiner Binnenstruktur erkennbar **zwei gegensätzliche Gruppierungen** (vgl. Skizze). Will man Wertzuweisungen wie „positiv" oder „negativ" vornehmen, dann erhalten

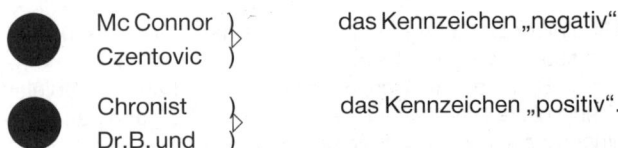

Mc Connor   }   das Kennzeichen „negativ";
Czentovic   }

Chronist   }   das Kennzeichen „positiv".
Dr.B. und   }

---

26) So vergleicht Habe einige der Zweig'schen Romanfiguren durchaus mit bedeutenden Gestalten Flauberts oder Maupassants. – Vgl. H. Habe, Ein guter Schriftsteller. In: H. Arens, Der große Europäer Stefan Zweig, S. 159. – H. Habe selbst schrieb so bekannte Bücher wie „Drei über die Grenze", „Tod in Texas" oder „Erfahrungen". – Hans Habe lebte von 1911 – 1977.

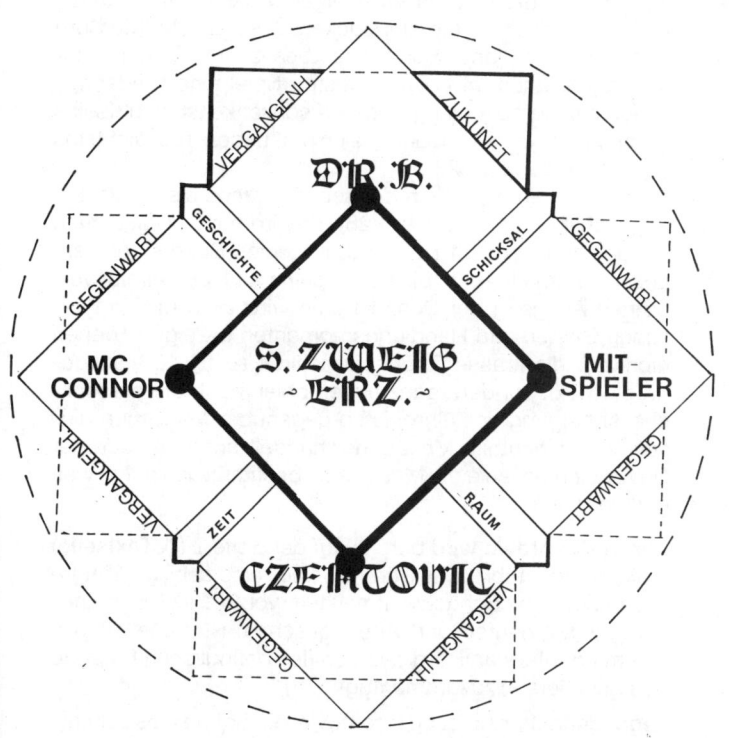

Betrachten wir **Mc Connor** als ersten der drei Hauptpersonen, so ist festzuhalten, daß er in der Beurteilung des Erzählers noch weit schlechter wegkommt als Czentovic, dem die Sympathien (Zweigs) ohnehin nicht gehören.

McConnor wird mit eindeutig negativen Merkmalen in die Novelle eingeführt („ein stämmiger Mensch, mit starken, fast quadratisch harten Kinnbacken..." – „...Mister Mc Connor gehörte zu jener Sorte selbstbesessener Erfolgsmenschen, die auch im belanglosesten Spiel eine Niederlage schon als Herabsetzung ihres Persönlichkeitsbewußtseins empfinden..." – „Gewöhnt, sich im Leben rücksichtslos durchzusetzen..." – 23).

Sein Verhalten wird als rüde, seine Sprache als direkt und ungeschliffen abqualifiziert (28). Er wird mit einprägsamen Vergleichen bedacht („... Eindruck eines Boxers vor dem Losschlagen..." – 30); bis hin zu seinem Fluch beim unverhofften Ausgang der Schachpartie wird er in für ihn typischen Gesten und Handlungsmomenten gezeigt, in denen nicht nur die krasse Gegensätzlichkeit zu „Dr. B." ausgedrückt wird, sondern ganz unverhohlen auch die persönliche Abneigung des Chronisten gegenüber Menschen dieser Art schlechthin. Mc Connor handelt und lebt nach der Devise: Ich bezahle die Musik, also bestimme ich auch, was gespielt wird.

Mirko Czentovic wird bereits auf der Seite 7 (1. Textseite) indirekt eingeführt. Der Chronist trägt eine sehr gedrängte Biographie des Schachweltmeisters vor, die sich aus Erinnerungsfragmenten und Anekdotischem (– mitgeteilt von einem ebenfalls an Bord des Schiffes befindlichen Freunde des Erzählers –) zusammenfügt:

Legendenhafter Aufstieg Czentovic' als Sohn eines „blutarmen südslawischen Donauschiffers" (8); nach dem Tod des Vaters im Hause des Dorfpfarrers aufgenommen und erzogen; vergebliche Anstrengungen, dem Jungen ein Stück elementarer Bildung zu vermitteln. In der täglichen Hilfsarbeit (Feld und Küche) brav, bieder, anstellig. Behäbigkeit und über die ihm auferlegten Pflichten hinaus „totale Teilnahmslosigkeit" (9). Erste Hinweise auf die ungewöhnliche Schachbegabung beim Spiel mit dem Gendarmeriewachmeister, den er überraschend zweimal hintereinander besiegt. Keine Chance auch für den Pfarrer selbst, der seinen Zögling mit der so unerwarteten und überaus erstaunlichen Begabung anderen Schachspielern gegenüberstellt. Siege, Karriere durch die Gunst eines Förderers, des Grafen Simczik (13). Preise – Meisterschaften und mit noch nicht ganz 20 Jahren Weltchampion (15). Unverändert jedoch in seinem seltsam ungelenken Auftreten. Kompensation durch Geld („er spielte in den kläglichsten Vereinen, sofern man ihm sein Honorar bewilligte..." – 16) Versammelter Eindruck: kalter, plump zur Schau getragener Stolz und Ahnungslosigkeit, daß es „außer Schach und Geld noch andere Werte auf unserer Erde gibt..." –17)

Dieser arme und zugleich so einmalige Mensch also weckt das Interesse des Erzählers, dessen Überlegungen und Erstaunen sich immer wieder an der phantastischen Sache festsetzen, daß es jemandem (nur) möglich ist, „zehn, zwanzig, dreißig, vierzig Jahre lang die gesamte Spannkraft seines Denkens an den lächerlichen Einsatz (zu wenden), einen hölzernen König auf einem hölzernen Brett in den Winkel zu drängen!" (21) Dem einseitig Begabten bleibt jeder Zugang zur 'eigentlichen' Welt verschlossen, und der Erzähler-Zweig stellt dieses Defizit geradezu emphatisch heraus (19, 20).

Während die ersten 20 Seiten etwa ausreichen, um Mirko Czentovic in seiner Sozialbiographie und in seinen charakteristischen Wesensmerkmalen darzustellen (– er bestätigt in seinem Spiel nur noch diesen Umriß –), gehören etwa gut 70 Seiten **„Dr.B."**, der erstmals auf der Seite 32 in das Geschehen eintritt („Um Gottes willen! Nicht!")

Als der Chronist ihn später auf dem Promenadendeck aufspürt, erweist er sich sogleich als der kultivierte Widerpart zu Czentovic. „Dr. B." liest. Daß er liest, bezeichnet ihn nicht nur in seiner äußeren Haltung im Augenblick der 'diplomatischen Mission' des Chronisten. Das Buch als geistige

Nahrung, aber auch als Schutz und Abkehr. Zugleich antizipiert Zweig die Vorgänge, die „Dr.B.", ohne aufgefordert worden zu sein, berichten wird.

Zweig selbst hat unendlich viel gelesen und Gelesenes in eigene Texte zurückverwandelt, wie im Kapitel 1 bereits ausgeführt worden ist. Die existentielle Wichtigkeit des Mediums ‘Buch‘ spricht er in seinen letzten Briefes immer wieder an.[27]

Mit wenigen Sätzen beschreibt Zweig die Physiognomie des Mannes und macht den Leser sogleich mit dem Besonderen vertraut („Der scharfgeschnittene Kopf..." – „Haltung leichter Ermüdung" – „merkwürdige Blässe" – „Haare blendend weiß" „plötzlich gealtert..." – 40).

„Dr. B." erweist sich als aufgeschlossener Gesprächspartner, als er in dem ‘Bittsteller‘ einen Landsmann vor sich sieht. Es genügen wenige Worte, um einander wesens- und schicksalsverwandt zu erkennen. Die gehobene Herkunft beider erleichtert die Kommunikation, die aber rasch einseitig wird. Vor sich einen einfühlsamen Zuhörer, erzählt „Dr.B." fließend, wie enthemmt. Er erzählt, als läse er etwas vor – tief Eingeprägtes, vielfach Überdachtes und schon Geformtes.

Der Bericht wird vom Zuhörer gar nicht unterbrochen. An wenigen Stellen nur richtet Zweig die ‘Kamera‘ auf den Erzählenden selbst (46), der seinen Gesprächspartner im Fluß der Darstellung gelegentlich direkt anspricht („... Sie vermuten nun wahrscheinlich..." – 46; „... Ich weiß nun nicht, bis zu welchem Grade Sie über die geistige Situation..." – 66; „... Sie können sich mein Entzücken nicht ausdenken..." – 75; „...Und nun werden Sie begreifen..." – 79).

„Dr. B." wendet sich nicht an den Zuhörer, um wirklich mit ihm zu sprechen, ihm Gelegenheit zum Nachdenken, Zurückfragen oder gar Widersprechen zu geben. Er ist in seine Erinnerungen so sehr vertieft, daß seine ‘Anreden‘ kaum mehr als Floskeln sind, die ihm erlauben, nur umso erregter und eiliger in seiner Erzählung fortzufahren.

---

27) So etwa im Brief an Friderike Zweig vom 10. Sept. 1941; an R. Friedenthal vom 19. Sept. 1941 oder an B. Viertel vom 30.1.1942.

Damit werden die (anhaltenden) Nachwirkungen der durchlittenen Haft eindringlich gekennzeichnet. In seiner monologischen Erzählhaltung, die gegenwartsfern und beinahe traumatisch wirkt, nimmt Dr.b. vorweg, was er hernach im Schachspiel mit derselben Unfähigkeit zur öffnenden Anteilnahme an der Realität des Spiels wiederholen wird.

In „Dr.B." wird ein Stück des alten, des kaiserlichen Österreichs gegenwärtig. Ein Absatz aus Zweigs Erinnerungsbuch „Die Welt von Gestern" liest sich wie eine Ergänzung zur Lebensschilderung des „Dr.B.", im radikalen Schnitt durch die neue Zeit, die alles Vergangene abtrennt.[28]).

„In Salzburg freilich, knapp an der Grenze, sah man die Dinge deutlicher. Es begann ein fortwährendes Hin und Her über den schmalen Grenzfluß, die jungen Leute schlichen nachts hinüber und wurden einexerziert, die Agitatoren kamen in Autos oder mit Bergstöcken als schlichte ›Touristen‹ über die Grenze und organisierten in allen Städten ihre ›Zellen‹. Sie begannen zu werben und gleichzeitig zu drohen, daß, wer nicht rechtzeitig sich bekenne, später dafür werde bezahlen müssen. Das schüchterte die Polizisten, die Staatsbeamten ein. Immer mehr spürte ich an einer gewissen Unsicherheit im Betragen, wie die Leute zu schwanken begannen (...)

Ich brauchte nicht mehr als zwei oder drei Tage in Österreich, um zu sehen, wie sich die Situation in diesen wenigen Monaten verschlimmert hatte. Aus der stillen und sicheren Atmosphäre Englands in dies von Fiebern und Kämpfen geschüttelte Österreich zu kommen, war, wie wenn man an einem heißen New Yorker Julitag aus einem luftgekühlten, einem air-conditioned Raum plötzlich auf die glühende Straße tritt. Die nationalsozialistische Pression begann den klerikalen und bürgerlichen Kreisen allmählich die Nerven zu zerstören; immer härter fühlten sie die wirtschaftlichen Daumschrauben, den subversiven Druck des ungeduldigen Deutschlands. Die Regierung Dollfuß, die Österreich unab-

---

28) Stefan Zweig, Die Welt von Gestern, S. 272 ff.

hängig halten und vor Hitler bewahren wollte, suchte immer verzweifelter nach einer letzten Stütze. Frankreich und England waren zu abgelegen und auch innerlich zu gleichgültig, die Tschechoslowakei noch von alter Ranküne und Rivalität gegen Wien erfüllt – so blieb nur Italien, das damals ein wirtschaftliches und politisches Protektorat über Österreich anstrebte, um sich die Alpenpässe und Triest zu schützen. Für diesen Schutz verlangte Mussolini allerdings einen harten Preis. Österreich sollte den faschistischen Tendenzen angepaßt, das Parlament und damit die Demokratie erledigt werden. Dies war nun nicht möglich ohne die Beseitigung oder Entrechtung der sozialdemokratischen Partei, der stärksten und bestorganisierten Österreichs. Sie zu brechen gab es keinen anderen Weg als den brutaler Gewalt."

Das erlittene Schicksal hat ihn entwurzelt und ihm die Welt fremd gemacht. Das Schachspiel, die vielleicht edelste Art des (geistig-)sportlichen Wettstreits, das sein Leben rettete, hat dabei seine Zukunft vernichtet. **Ersatzhandlung** ist zur **Zwangshandlung** geworden. Da war einer verlegen hinzugetreten, und da hatte einer durch den Hinterausgang die Bühne des Lebens verlassen, das einen anderen Verlauf genommen hatte, als ihm und Tausenden von Menschen zunächst vorgezeichnet schien.

In einer **Tabelle** möchte ich nunmehr die angedeuteten natürlichen und sozialen Merkmale der drei Hauptpersonen nebeneinander stellen, um dem Leser eine **Zusammenschau** zu ermöglichen, die hilfreicher sein mag als weitere zitatengestützte Erläuterungen.

MC CONNOR		CZENTOVIC		„DR.B."	
mürrisch,	23	stolz	22	leise,	32
diktatorisch	24	prüfend	24	heftig	
lärmend,		lässig	29	verwirrt	38
unmutig,	25				
erregt		dickfellig		ängstlich,	39
nervös,	28	grob	30	bescheiden	
unruhig		kaltschnäuzig	31	verblüfft,	41
heraus-		weitblickend	32	versonnen	41
fordernd	30			nervös,	
verbissen	31			flüchtig	46
erstaunt,	33	gleichmütig	34	unruhig	81
aufgeregt	33			stottrig	82
triumphierend	37	unbeweglich,		locker,	
		unerschütter-			
		lich,	38	unbefangen	83
		kühl		entspannt	84
enttäuscht,	95	stur,		unruhig	85
verärgert		stumm		erregt,	
		ruhig,	89	exaltiert	87
		gemessen	89	anomal erregt	90
		still		unbeherrscht	91
		(boshaft)	90		
		langsam		zitternd,	
				bescheiden,	
		versteinert	91	geheimnis-	
		großmütig	95	voll	94
(kalif.) Tiefbau-ingenieur; ver-mögend; vom Geld verwöhnt; Geld = Machtmittel; neu-reich		auf das Geldver-dienen angewie-sen; Materialist; kleinbürgerlicher Herkunft		verarmt; ehedem ver-mögend; isoliert – ehedem zur besten Gesellschaft gehörend; großbürgerlicher Her-kunft	

Und der Ich-Erzähler (Zweig) selbst?

Er gibt sich in der gesamten Novelle als derjenige zu erkennen, der er war: als Mensch der neugierigen Anteilnahme am Außergewöhnlichen; als der Emigrant, der einbezogen wird in das sonderbare Schicksal eines Fremden, das aber wiederum umso normaler ist als nur eines von so vielen vergleichbaren; als der vertrauenserweckende Freund und Mittelsmann; als der unvoreingenommene Zuhörer und Psychologe aus Leidenschaft [29]; als der geistreiche Causeur und scharfsinnige Denker; als der gebildete und kultivierte Geist, dem die Erfahrungen und Erkenntnisse aus Kunst und Wissenschaft in lebenslanger Beschäftigung und in persönlicher Nähe zu ihren geistigen Vätern Antrieb und Nahrung zur Welt- und Selbstergründung waren; schließlich als der Chronist der Ereignisse, der letztlich doch die Hauptrolle dieser Novelle spielt, als in seinen Reaktionen und Reflexionen Fiktion und Wirklichkeit ineinandergeblendet werden und das Geschehen erst im Spiegel der persönlichen Empfindungen des Autors Maß und Gewicht erhält.

Blickt man von hier zurück auf H. Kestens Zitat, dann will es scheinen, als sähe sich jedes Detail des von ihm an Zweig Beobachteten auf das lebhafteste bestätigt. – Das erklärt aber auch, warum das Geschehen der Novelle als 'unglaubwürdig motiviert' bezeichnet worden ist. [30] Sicherlich: Man spürt die Künstlichkeit, die gewollte Bedeutungsschwere der Novelle, mit der dieser ungeheure Einzelfall 'Dr. B.' an das Licht gebracht wird. Dadurch erreicht der Novellentext jedoch auch seinen Rang, über den Geschehenszusammenhang hinaus, auf der abstrakt-symbolhaften Ebene, der ihn neben die herausragendsten Beispiele des Genres in unserem Jahrhundert rückt.

---

29) Im Vorwort zur Fouché-Biographie schreibt Zweig: „So kam ich unvermutet, aus rein seelenwissenschaftlicher Freude dazu, die Geschichte Joseph Fouchés zu schreiben (...). Stefan Zweig, J. Fouché, S. 12.

30) Vgl. A. Bauer, Stefan Zweig, S. 88: „Der Sieg des Emigranten „Dr. B." (....) ist ingeniös konstruiert, aber höchst unwahrscheinlich motiviert (...) Damit hat er jedoch die Realität der geschichtlichen Situation in eine andere Ebene, die der psychologischen Irrealität, verlegt."

Aus der **Personenkonstellation** insgesamt, entschieden aber aus den zuvor erläuterten kontrastreichen Profilen des Schachweltmeisters und seines Fast-Bezwingers Dr. B. leiten sich **alle Deutungen dieser Novelle** ab. Sie auf Zweig selbst zu beziehen, ist – wie aufgezeigt – uneingeschränkt gerechtfertigt. Er balanciert mit seiner Person im Wechsel zwischen Berichterstattung als 'zufälliger Augenzeuge' und Reflexion des Geschehens der Novelle aus, steuert den Leser. In der gebotenen Kürze möchte ich auf vier Stellungnahmen eingehen, in denen die **Verschmelzung des Autors und seiner Zentralfigur** in dieser Novelle, Dr. B., herausgestellt wird.

(1) So betont **Friderike Zweig** die „reine (künstlerische) Meisterschaft", wobei sie die vordergründige Spannung des Geschehens (Haft – Schachleidenschaft – Rettung des Dr.B) für bezwingend genug hält, den Leser zu fesseln.[31)]

(2) Für den „inneren Motor jener recht verzwickten Geschichte" hält **A. Bauer** in seiner bemerkenswert dichten Studie über Zweig „die Wunschvorstellung (des Autors) vom Widerstand unter stärkstem äußeren Druck."[32)]

(3) Diesen Gedanken hebt auch **D. Prater** in seiner Zweig-Biographie hervor, wobei er als Verursacher des Leids die 'Gestapo' nennt, der sich Dr. B. widersetzt.[33)]

(4) Am weitesten geht **H.Habe**, dem ich im folgenden Teilkapitel noch einmal das Wort überlassen werde, in seiner abstrahierenden Aussage. Er sieht in Dr. B. das „Sinnbild der gequälten Kreatur unserer Zeit, der dem mechanisierten Gehirn seines Gegenspielers zum Opfer fällt."[34)]

Den vier Stellungnahmen ist kein neuer Gesichtspunkt hinzuzufügen. Ich möchte sie aber durch Zweig selbst ergänzen und erhärten.

---

31) F. Zweig, Stefan Zweig, S. 132f.
32) A. Bauer. Stefan Zweig, S. 88
33) D. Prater, Stefan Zweig , S. 438
34) H. Habe in: H. Arens, S. 159

Berücksichtigt man über die spezifischen zeitgeschichtlichen Umstände hinaus, auf die mehrfach eingegangen worden ist, die geistige Grundhaltung Zweigs überhaupt, die sich leitend durch sein Leben und Werk zieht, dann erscheinen in besonderer Weise Bauers und Praters Ausführungen überzeugend. Sie sind es umso mehr, je deutlicher man den Zweig des „Montaigne" und den der späten Briefe vor Augen hat, in denen sich die Summe eines Lebens spiegelt. Ich zitiere zunächst eine Passage aus Zweigs Brief vom 25. Dezember 1941 an seinen **Freund Paul Zech**: „...Die Meisten versuchen sich an das Amerikanische anzupassen, während in mir eine Entschlossenheit ist, mich nicht mehr zu verändern, sondern alles einzusetzen, um der zu bleiben, der man war, wenn auch alles um einen zu Staub und Schutt zerfallen ist; genau so zu denken, obwohl unsere Gedanken die denkbar unaktuellsten sind, und den Wenigen treu zu bleiben, die sich selber treu geblieben sind...“[35]

Blickt man auch nur auf die Oberfläche der Novelle zurück, dann hat man zum Greifen konkret die Übersetzung dieser Aussage in den Personen und Handlungsmotiven, die im voraufgegangenen Kapitel apostrophiert worden sind. Wir erinnern uns an Mc Connor, dem der forsche Dollar-Einsatz der Schlüssel zum Erfolg geworden ist. Nicht feine Worte, die bare Münze, „cash", regiert (wie modern!). Für Zweig war Geld etwas ganz Selbstverständliches, nichts Bedeutsames, kein Wert an sich, sondern lediglich Mittel zum Erreichen höhergesteckter Ziele. Da ist die so enge Welt des Schachweltmeisters, der trotz höchster Spezialisierung geistig auf einem sehr niedrigen Niveau steht. Wie anders hingegen Dr. B.! Allein die kleine, unscheinbare Kanzlei, in der er das Erbe seines Vaters (!) angetreten hatte, ist engstens verwoben mit höchsten Gesellschaftskreisen. Von nichts kommt nichts: Hinter der unscheinbaren Fassade wirken die Werte (mehr sein als scheinen!): Tradition und Bildung.

Sie zu wahren, ist das Kernanliegen Zweigs immer gewesen, das sich in den Stunden der schamlosen Preisgabe

---

35) Stefan Zweig – Paul Zech. Briefwechsel, S. 112

·und Vernichtung noch einmal als die letzte und gültigste Idee, als die eigentliche Existenzberechtigung des Menschen im Autor artikuliert. Darin wurzelt sein Ich bis zuletzt. Noch eindringlicher als aus der zitierten Briefstelle klingt uns dieses Bewahren- und Festhaltenwollen an Werten der Vergangenheit im **1. Kapitel des „Montaigne"** entgegen: „...Man muß daher suchen, solche Sicherheit außerhalb dieser Welt zu finden, abseits seines Vaterlandes; man muß sich weigern, mitzutoben im Chor der Besessenen, und jenseits der Zeit sein eigenes Vaterland, seine eigene Welt sich schaffen. (...) Niemand aber haben wir dankbarer zu sein als jenen, die in einer unmenschlichen Zeit wie der unseren das Menschliche in uns bestärken, die uns mahnen, das Einzige und Unverlierbare, das wir besitzen, unser innerstes Ich, nicht preiszugeben..."[36]

Wenn ich eingangs sagte, da sei wirklich einer am Ende (Dr. B. – Zweig), dann hebt dieses letzte Zitat die Aussage nicht auf. **Dem hohem Ethos des Wollens steht die Unfähigkeit zum Handeln entgegen**. Mit anderen Worten: Stefan Zweig hatte sich so weit in seine Welt zurückgezogen, daß es ihm unvorstellbar schien, jemals wieder eine Brücke von dort in die Zukunft zu bauen. Heute wissen wir, daß er objektiv nur bedingt recht hatte.

---

36) Stefan Zweig. Europäisches Erbe Montaigne, S. 12 ff.

2.3 SPRACHE

Dem besonderen, ja, bedeutsamen Schicksal des Dr. B. gemäß ist die **Sprache der Novelle**. Sie gilt als gehoben, akademisch und stellenweise als schwierig in den Assoziationen, gelehrten Anspielungen und Formulierungen des Ich-Erzählers. Sieburgs Charakterisierung der Sprache Zweigs („gepflegt", „unpersönlich") mag man als zutreffend oder negativ überzeichnet einschätzen, was das Erinnerungsbuch „Die Welt von Gestern" oder andere von Sieburg angeführte Beispiele betrifft. Es kann jedoch nicht bestritten werden, daß Zweig die „Schachnovelle" geradezu erregt und mit großer innerer Beteiligung verfaßt hat; wir zögern nicht, dieses Buch als ein literarisch sehr bedeutsames, auch persönliches Dokument des Autors hervorzuheben und damit die pauschale Verurteilung Zweigs durch Sieburg an dieser Stelle etwas zu relativieren. Die distanzierte Erzählhaltung sollte nicht darüber hinwegtäuschen, daß Stefan Zweigs gebildete und disziplinierte Prosa stets **von großem Sachengagement und emotionaler Verve** getragen war. Gerade zu dieser, Zweigs ganz eigener Art der Gegenstandsbewältigung schrieb Friderike Zweig – Winternitz, die ihren Mann genauer beobachtete und besser kannte als mancher seiner engsten Freunde oder kompetenten Kritiker: „Stefan Zweig hat für jedes seiner Motive – und das galt bei fast allen seinen Werken – Ton, Tempo und Laune des Schreibens variiert (...) Durch Zweigs Methoden sind zuweilen Wiederholungen unvermeidlich, aber sie entsprechen seiner Kunstabsicht (...) Altes mit Neuem anschaulich zu verbinden, gehört zu den eindrucksvollsten Mitteln seiner Technik..."[37]

Die **auktoriale Erzählhaltung des 'Chronisten'** bestimmt den Novellentext. In Rückblenden wechselt Zweig die Perspektiven auf die Hauptpersonen, die geistigen und schach-sportlichen Kontrahenten, Czentovic und Dr. B.

---

37) F. Zweig, Stefan Zweig, S. 118 ff.

Kurze und lange Sätze wechseln dabei einander ab, vermitteln **punktgenaue 'Objektivität'** und **subjektives, gedankliches Strömen** des Verfassers. Im Gegensatz zu anderen Novellen Zweigs sind sprachliche Bilder und Vergleiche beinahe völlig ausgespart. Der Leser gewinnt den Eindruck einer sehr konzentrierten, gleichwohl **perspektivisch und gedanklich reichentwickelten Berichterstattung**, die in ihrem strukturell-sprachlichen Gesamtbild dem dargestellten Sachverhalt – „Schachspiel" – voll entspricht.

Für die Form der knappen und pointierten Darstellung in der Novelle gibt es Dutzende von Beispielen, von denen wir eine kurze Passage nur herausheben, um sie etwas genauer zu durchleuchten. Es handelt sich um die Situation der erstaunlichen Wende in der 2. Beratungspartie, als Dr. B. in das Spiel eingreift:
„Einen Augenblick herrschte totale Stille. Man hörte plötzlich die Wellen rauschen und das Radio aus dem Salon herüberjazzen, man vernahm jeden Schritt vom Promenadendeck und das leise, feine Sausen des Windes, der durch die Fugen der Fenster fuhr. Keiner von uns atmete, es war zu plötzlich gekommen und wir alle noch geradezu erschrocken über das Unwahrscheinliche, daß dieser Unbekannte dem Weltmeister in einer schon halb verlorenen Partie seinen Willen aufgezwungen haben sollte. Mc Connor lehnte sich mit einem Ruck zurück, der angehaltene Atem fuhr ihm hörbar in einem beglückten „Ah!" von den Lippen. Ich wiederum beobachtete Czentovic. Schon bei den letzten Zügen hatte mir geschienen, als ob er blässer geworden sei. Aber er verstand sich gut zusammenzuhalten. Er verharrte in seiner scheinbar gleichmütigen Starre und fragte nur in lässiger Weise, während er die Figuren mit ruhiger Hand vom Brette schob: „Wünschen die Herren noch eine dritte Partie?" (36/37)
In den wenigen Sätzen wird das Ungeheure spechend gemacht. Geräusche werden hörbar, die man zuvor in der Aufregung des Spiels nicht wahrgenommen hatte. Die Figuren erstarren zu einer für sie typischen Pose. Der Erzähler

beobachtet, führt gleichsam die Kamera in langsamer Bewegung herum. Die Sätze vermeiden Überflüssiges. Zweig erzeugt mit einfachen erzählerischen Mitteln hier einen **Totaleindruck größter atmosphärischer Dichte.**
Nicht weniger typisch für Zweig und die Sprache dieser Novelle sind die häufigen **kunstvollen Satzverschachtelungen.** Sie führen den Leser 'verschlungene Denkpfade' entlang und nicht selten bis an die Schwelle zum Gereiztsein. Die von Stefan Zweig erzeugten Satzfiguren (Hauptsätze mit mehrfachen, komplizierten Subordinationen) korrespondieren ganz augenscheinlich mit den Gedankenkombinationen, wie sie allen Schachspielern vertraut sind als eine zum Spiel gehörige Erscheinungsform. Auffallend häufig verwendet Zweig komplexe Sätze, wenn er eine Spielsituation mit Czentovics unerschütterlichen Denklängen beschreibt, die seinen Zügen vorausgehen oder in Momenten eigener Reflexion, im Strom der Gedanken. Dazu einige Beispiele:
„Jedes Kind kann seine ersten Regeln erlernen, jeder Stümper sich in ihm versuchen, und doch vermag es innerhalb dieses unveränderbar engen Quadrats eine besondere Spezies von Meistern zu erzeugen, unvergleichbar allen anderen, Menschen mit einer einzig dem Schach zu bestimmten Begabung, spezifische Genies, in denen Vision, Geduld und Technik in einer ebenso genau bestimmten Verteilung wirksam sind wie im Mathematiker, im Dichter, im Musiker, und nur in anderer Schichtung und Bindung. (...)

Im Prinzip war mir die Tatsache von jeher verständlich, daß ein derart einmaliges, ein solches geniales Spiel sich spezifische Matadore schaffen mußte, aber wie schwer, wie unmöglich doch, sich das Leben eines geistig regsamen Menschen vorzustellen, dem sich die Welt einzig auf die enge Einbahn zwischen Schwarz und Weiß reduziert, der in einem bloßen Hin und Her, Vor und Zurück von zweiunddreißig Figuren seine Lebenstriumphe sucht, einen Menschen, dem bei einer neuen Eröffnung, den Springer vorzuziehen statt den Bauern, schon Großtat und sein ärmliches Eckchen Unsterblichkeit im Winkel eines Schachbuches bedeutet –

einen Menschen, einen geistigen Menschen, der, ohne wahnsinnig zu werden, zehn, zwanzig, dreißig, vierzig Jahre lang die ganze Spannkraft seines Denkens immer und immer wieder an den lächerlichen Einsatz wendet, einen hölzernen König auf einem hölzernen Brett in den Winkel zu drängen! (20/21)

(...) Und schaudernd erkannte ich, es reproduzierte unbewußt dieses Auf und Ab das Ausmaß seiner einstmaligen Zelle: genau so mußte er in den Monaten des Eingesperrtseins auf und ab gerannt sein wie ein eingesperrtes Tier im Käfig, genau so die Hände verkrampft und die Schultern eingeduckt; so und nur so mußte er dort tausendmal auf und nieder gelaufen sein, die roten Lichter des Wahnsinns im starren und doch fiebernden Blick. (87)

Diese 'Längen' geben dem Text fraglos etwas sehr Modernes, bei aller eigentümlich anmutenden Umständlichkeit den Eindruck von Genauigkeit, Vollständigkeit und Akkuratesse. Im besten konservativen Sinne handhabt Zweig die sprachlichen Mittel virtuos.

Auch die große Zahl der wie selbstverständlich eingebrachten fachkundigen Details ist verblüffend, nicht weniger das moderne Stilmittel der 'erlebten Rede' und die Besetzung des Textes mit einer Fülle von Begriffen und Redewendungen, die Zweig auf der Höhe sowohl der alltäglichen als auch avantgardistischen Sprachebene zeigen (S. 5, 8, 20, 33, 34 u.a.)[38]

Der Leser mag an diesen und weiteren Beispielen selbst entscheiden, welche Qualität **er** Zweig als Schriftsteller zuschreiben will. Mein Urteil möchte ich mit der Ansicht des nicht unumstrittenen, gleichwohl sehr erfolgreichen Schriftstellers, Hans Habe, erhärten. Sie steht F. Sieburgs Urteil entgegen und soll die zuvor entwickelten Ansätze zu

---

38) „Erlebte Rede": (...) die Brechung von Gedanken oder Worten einer Person in die Perspektive des sie erlebenden Bewußtseins; Form zwischen direkter und indirekter Rede. – Vgl. O.F. Best, Handbuch, S. 74 –

einer ausgewogenen Einschätzung Zweigs am Beispiel seiner „Schachnovelle" abrunden: [39)]

Stefan Zweig beherrschte das Handwerk wie kaum ein anderer. Seine im besten Sinne romantischen Biographien – ob er die Dichter Balzac, Dickens und Dostojewski, oder die »Dichter ihres Lebens«, Casanova, Stendhal, Tolstoi, beschreibend und analysierend nacherlebte – verbinden dichterisches Einfühlungsvermögen mit einer Akribie, die auch unter den kühleren Werken der Historiker ihresgleichen sucht. Der Österreicher Stefan Zweig beherrschte die deutsche Sprache mit einer graziösen Meisterschaft, die keines Familienzwistes bedurfte: da sie ihm gefügig war, brauchte er sie nicht zu bezwingen. Er war ein Meister des Handwerks, ein Meister dennoch.

Stefan Zweig sublimierte die Freudschen Erkenntnisse, die vielfach auf den instinktiven Äußerungen der Dichter beruhten, in Charakterschilderungen, bei denen, vielleicht zum ersten Male, alles »stimmte«. Er führte die Wissenschaft sachte zur Kunst zurück. Denn ein guter Schriftsteller ist ein Künstler.

---

39) Hans Habe. Ein guter Schriftsteller. In H. Arens. Der große Europäer Stefan Zweig, S. 158-159.

3. DIE WELT VON GESTERN

Ohne ein Stenogramm der politischen und gesellschaftlichen Spannungen, in deren Geflecht Zweig ausweglos verfangen war, wird die Novelle in ihrem aktuellen Bezug zur Zeit nicht wirklich verständlich, und auch die Wirkungen der in Kapitel 1 angesprochenen Wechselfälle der Alltagsrealitäten auf Zweig wären kaum nachvollziehbar. Gerade für junge Menschen, die heute beinahe zwei Generationen nach Zweigs Zeit leben, muß der geschichtliche Hintergrund in diesem Zusammenhang ein wenig ausgeleuchtet werden.

In einem sehr gedrängten Exkurs zeichne ich deshalb hier nach, worin **die politischen und gesellschaftlichen Umbrüche** von den Anfängen der letzten Kaiserzeit über den 1. Weltkrieg bis hin zum Verhängnis der Nazi-Diktatur begründet lagen. Dabei möchte ich auf Zweigs Erinnerungsbuch „Die Welt von Gestern" als Quelle nur hin und wieder zurückgreifen. Seine **Briefe** an Menschen, die ihm nahestanden, und an solche, zu denen er erst eine persönliche Beziehung aufbaute, sind noch authentischer, denn sie drücken Empfindungen und Betroffenheit ihres Verfassers viel unmittelbarer aus.

Wenn von dem ausklingenden 19. Jahrhundert die Rede ist, dann nur ausschnitthaft von dem, was Stefan Zweig persönlich betraf: die **Jugend in Wien**, dem Schmelztiegel der Nationalitäten und Kulturen – die Begegnungen mit herausragenden Repräsentanten aus Kunst und Wissenschaft, die weit in unser Jahrhundert hineingriffen. [40]

Dann wird von **Hitler** die Rede sein müssen als zerstörender Gegengröße, vor dessen Regime Zweig ebenso panisch wie resigniert in die unpolitische Emigration trieb. Die **„Schachnovelle"** steht dabei – wenn auch nicht immer explizit – im **Schnittfeld der skizzierten Zusammenhänge**, nämlich dort, wo für Zweig die Vergangenheit endgültig abgelöst wurde von einer radikal neuen Zeit. Die nachstehende Grafik soll diesen Ausgangspunkt für eine detailliertere Beschreibung von Zeit und Geschehen zunächst veranschaulichen. Im Verzicht auf Ausführlichkeit liegt freilich hierbei auch die Gefahr einer allzu punkthaften Beleuchtung nahe:

---

[40] Zu erwähnen sind in erster Linie R. Rolland und S. Freud, mit denen Zweig ausgedehnte Korrespondenz pflegte.

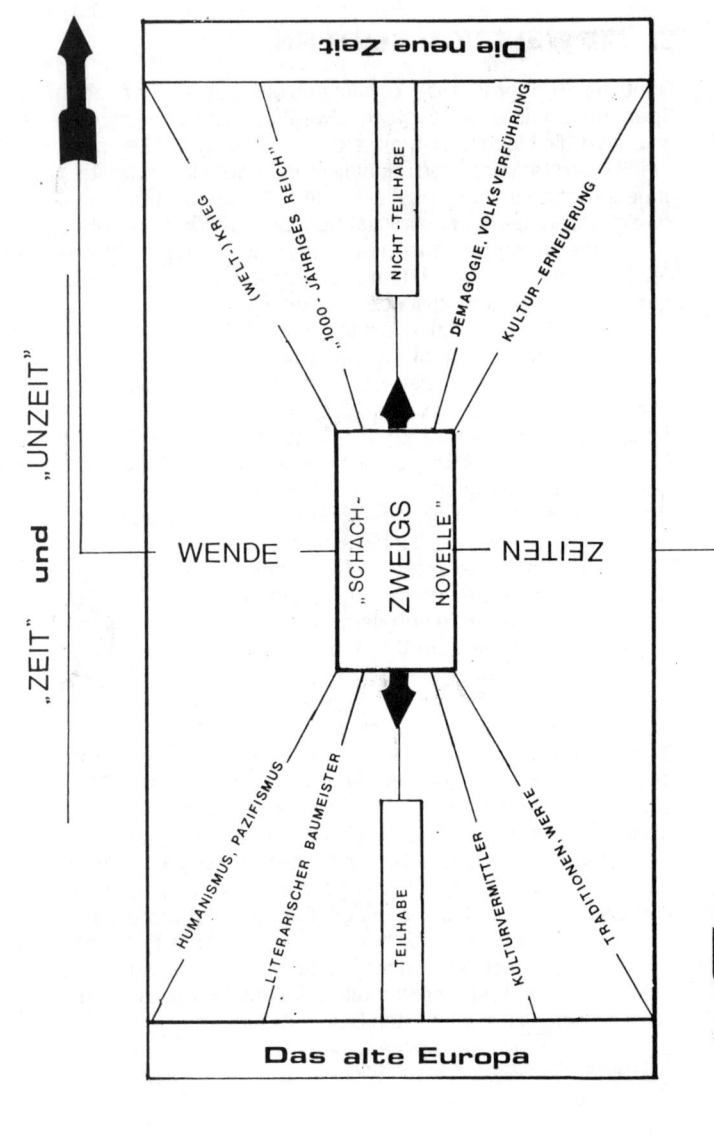

1888 – „Drei-Kaiser-Jahr" [41]:
Ein letztes Mal bricht in Europa eine Epoche an, in der sich das Großbürgertum stolz, selbstzufrieden und erfolgreich präsentieren kann. Seine Welt scheint noch in Ordnung – die Welt des Adels und des Geistes in ebenso selbstverständlich empfundener wie gehätschelter Größe.

Stefan Zweig ist in diesem Jahr 1888 gerade sieben Jahre alt. Seine Eltern sind vermögend. Die Familie wohnt in Wien, der Metropole eines wirklichen Imperiums mit dem Ring als „Symbol einer Ära friedlicher Pracht"[42], die bereits 1914 vergehen sollte. Kunst und gesellschaftliches Leben sind in der Familie Zweig Teil des normalen Alltags freilich ohne Prunk und Prahlerei. Stefan und sein Bruder Alfred wachsen in einer „heilen" Welt heran mit artigen Spaziergängen und Kutschfahrten, mit Sommererholung in Marienbad oder am Wörthersee, unauffällig, jedoch stets im Abstand zur 'Masse'. Die Jungen besuchen das Gymnasium, Stefan mit wachsendem Widerwillen. Theater, Konzerte, Bibliotheken, Buchhandlungen und Gespräche im Kreis gleichgesinnter Freunde, die schon Künstler sind [43], nehmen ihn mehr ein. Diese Welt des Geistes und der Sicherheit prägen seine zukünftige Entwicklung entscheidend. Stefan Zweig lebt, denkt und dichtet. Von der anderen, der härteren Wirklichkeit ist er ziemlich weit entfernt, arglos und ahnungslos wie Millionen andere, die von ihr in kürzester Zeit eingeholt werden sollten.

---

41) Am 9. 3. des Jahres 1888 stirbt Wilhelm I., deutscher Kaiser seit 1871; am 15. 6. sein Sohn und Nachfolger Friedrich III.; dessen Sohn Wilhelm II. wird dann bis 1918 deutscher Kaiser sein.

42) D. Prater. Stefan Zweig, S. 19 – Ganz ausführlich bei H. Andics (vgl. Literaturverzeichnis).

43) Zweig wird nicht müde, besonders Rilke und Hofmannsthal als die großen Ausnahmen der Zeit herauszuheben:
„... Rilke wiederum bedeutete uns eine Ermutigung anderer Art, die jene durch Hofmannsthal in einer beruhigenden Weise ergänzte. Denn mit Hofmannsthal zu rivalisieren, wäre selbst dem Verwegensten unter uns blasphemisch erschienen. Wir wußten: er war ein einmaliges Wunder frühreifer Vollendung, das sich nicht wiederholen konnte..." – (Die Welt von Gestern, S. 49).

Trotz mancher Kritik und Vorwürfe, die Stefan Zweig gegen das Wien seiner Jugend vorbringt, blickt er voller Stolz und Wehmut auf die Stadt zurück, in der ihm die prägendsten Eindrücke widerfuhren, nämlich die der beiden ersten Lebensjahrzehnte, die im Menschen stets gegenwärtig bleiben.

Die Schattenseiten der Zeit aber übersieht der junge Zweig. Wien und Europa sind bereits in den Grundfesten erschüttert, als er gegen Ende des Jahrhunderts zum Weltbürger wird und das Erbe der Vergangenheit in den Mittelpunkt seiner Auseinandersetzung mit der Welt zu rücken beginnt, zu einem Zeitpunkt, da die Zukunft sie schon längst eingeholt hat. – Sicherlich ist Zweig sensibel genug, die sich mehrenden Erscheinungen einer bevorstehenden 'Zeitenwende' zu registrieren, besonders während seines bewegten Umherreisens zu Beginn dieses Jahrhunderts. Aber er deutet sie nicht richtig. In seinen Briefen jedenfalls äußert er sich sehr selten über das aktuelle Zeitgeschehen in seiner ganzen Bedrohlichkeit: Österreichs Sprachenkrieg – das Wettrüsten der Großmächte. Das gesteht er sich erst viel später in seinen Erinnerungen als problematisches Verhalten gegenüber dem politischen Tagesgeschehen ein und kritisiert dann den Standpunkt des „nur europäisch Denkenden und sich international Verbrüdernden", den er und die meisten anderen Menschen in der Wiege ihrer (vermeintlichen) Sicherheit und Größe Österreichs eingenommen hatten. Mit anderen Worten: Zweigs junge Jahre sind dahingegangen in kultivierter Distanz zu 'Politik' und 'Geschichte'. Es will uns heute nahezu unglaublich erscheinen, daß er sagen konnte, man habe für den 1. Weltkrieg in jenen Jahren keinen 'vernünftigen' Grund gesehen. [44] Freilich: Für einen Krieg gibt es keinen 'vernünftigen' Grund, wo auch immer. Zweig will vielmehr sagen, es habe keine Zeichen gegeben, jedenfalls keine solchen, die ihn unvermeidbar machten. Das zeigt in der Tat seine politische Kurzsichtigkeit. Betrachtet man die Hintergründe der 'alten' Zeit, die Zweig nicht klarsichtig genug erfaßte, so wird deutlich, daß es an Gründen nicht fehlte, die ein Großereignis 'Krieg' heraufbeschwören mußten:

44) Vgl. besonders "Die Welt von Gestern", s. 144 – 159

DIE JAHRE VOR HITLER

❶ Unruhe unter den 12 Volksteilen/Völkern, die unter dem Doppeladler vereinigt waren.

❼ Metropolisierung Wiens und damit wachsende gesellschaftliche/politische Unruhen

❷ politische Enthaltsamkeit – großbürgerliche Gemütlichkeit

❽ Herrschaftspläne der österreichischen Alldeutschen

❸ starke 'Vorbilder' mit nationaler Grundhaltung

❾ Anti-Marxismus

❹ wirtschaftliche Engpässe – Existenzdruck

❿ Betonung eines Hypergermanenideals

❺ Huldigung der Künste (als Ersatz für handfeste und entscheidungsbewußte Politik)

⓫ Angst vor rassischer Überfremdung – Antisemitismus

❻ Betonung eines neuen nationalen Sozialismus

⓬ politische Mündigkeit artikuliert sich unter (rassischen und politischen) Minderheiten

Der 1. Weltkrieg zog herauf und war vorüber, noch ehe sich Menschen wie Zweig des Ungeheuerlichen, das sich dort abspielte, innerlich erwehren konnten. Jedoch bereits im 1. Kriegsjahr gewinnt Zweig 'seine' Haltung und bekennt gegenüber R. Rolland: [45]

„Ich kann selbst in diesen Tagen niemals jemanden ganz hassen, wo die Welt in Flammen steht und im geheimsten ist mir, als könnte mir einmal die Macht noch werden, den Haß der anderen zu mindern."

Stefan Zweig wird erst sehr viel später realisieren, welchen Illusionen er nachhing. Ideal verblendet erläutert er ein halbes Jahr später P. Zech seine Vorstellungen von einem durch den Krieg geläuterten Deutschland. Was er schreibt, klingt nach reifer Einsicht und richtiger Konsequenz im eigenen Handeln. De facto aber besitzt er gar nicht den Willen zur Veränderung durch die Tat; er posiert in schönen Worten und bleibt der Träumer von einst: [46]

„Manchmal habe ich das Gefühl: ich möchte die Städte verlassen und auf das Land, ein schlichteres, primitiveres Dasein mir auftun – aber wer darf jetzt Pläne schmieden, wer? Das Wichtigste ist – überleben, lebendig bleiben im fleischlich eindeutigsten Sinn des Wortes und dann in jenem anderen, des Tätig-Sein-Wollens. Mir sind meine Vergangenheiten weggeschwemmt worden, ich muß wieder an die Fundamente. Aber ich tue es gern, wenn es nur ein Bau wird. Deutschland – wie immer es ende – wird besser hervorgehen aus diesem Krieg. Es wird als letzter europäischer Staat den Sinn und das Wesen der Democratie verstanden haben und sich ihm entgegenarbeiten."

Hier ein erster Schnittpunkt: Zweigs „Vergangenheiten" sind die Jahre des befriedeten Reifens (und Reisens). Sie sind zerstoben, und von hier aus beginnt Stefan Zweig, sein Programm des edlen Pathos gegen die Zeit zu stellen (vgl. Kap. 2.2): das Wort gegen die Waffe, den Ruf gegen die Tat, das Ideal gegen die Ideologie.

---

45) Stefan Zweig. Briefe an Freunde, S. 46
46) Stefan Zweig – Paul Zech. Briefe, S. 55

Sein 'Bauwerk des Geistes' nimmt zwangsläufig gekünstelte Formen an; sein Tun gewinnt dabei Züge des Anachronistischen in der Ohnmacht des gebildeten Wortes gegenüber einer brutalen Wirklichkeit, die sich nach eigenen, inzwischen ganz anderen Gesetzen bewegt. Indem Stefan Zweig sich nach 'rückwärts' orientiert, entfernt er sich mit großer Geschwindigkeit aus der Zeit. Seine diametral gegenläufige Richtung macht sein Tun hoffnungslos. Seine Einsamkeit wird die eines Rufers in der Wüste. Zweig weiß, wo er am Ende steht: [47)]

„Ich hoffe auch bald drüben zu stehen, wo Sie sind, in jenem Jenseits, wo man nur bildhaft und spielhaft diese tolle Welt anblickt und jener andern gedenkt, die man um so viel lieber geträumt."

Das Volk, auf dessen Kraft und Vernunft er naiv vertraut hat, existiert nicht. Nicht der Baumeister der schönen Worte kann die Fundamente für eine neue Zeit legen; ein anderer wird es tun, ein Mann, der den Menschen kühn und unverfroren eine neue Richtung weist aus dem Krieg hinein in ein neues Chaos aus 'Brot und Spielen': Adolf Hitler.

Hitler tritt in die Geschichte Europas zu einem Zeitpunkt ein, als der Boden für einen Mann seines Schlages bereitet ist. Seine Sozial- und Bildungsbiographie ist anders besetzt als die Zweigs: Kampf ist das Leitmotiv für sein Handeln, Rache nehmen an allem, was seinen schwierigen Lebensweg verursacht hat, direkt oder indirekt, faktisch oder auch nur angenommen. [48)]

Für Zweig ist Hitler, als er durchschaut ist, die Konfiguration des Zivilisationsfeindlichen, der Barbarei und des Bösen schlechthin. – Er brachte etwas vollständig Neues in die Geschichte ein. Er machte seine persönlichen Ziele, denen die kultivierte Welt nicht entschlossen genug entgegentrat, zu den Zielen eines ganzen Volkes, einer Nation.

---

47) Stefan Zweig. Briefe an Freunde, S. 92. –
Dieser Brief vom 18. Oktober 1918 ist an Hermann Hesse gerichtet.

48) vgl. H. Steffahn, insbesondere die Seiten, auf denen er den Jugendjahren Hitlers nachspürt.

Als man ihn ernstnahm und den Weg begriffen hatte, auf dem er innen- wie außenpolitisch rücksichtslos ausschritt, waren die Staaten Europas und der Welt bereits in den Wahnsinn des 2. Weltkrieges hineingezogen. Was Hitler prägte und als neue Ideologie über das Volk verhängt, sucht in der alten und neuen Geschichte seinesgleichen. Der Begriff der „nationalsozialistischen Weltanschauung" wird als Makel von da an immer verbunden bleiben mit einem Dutzend Schicksalsjahren des an Geschichte und kultureller Vielfalt so reichen deutschen Volkes.

Die nationalsozialistische Weltanschauung war Grundlage für eine vollkommen neue völkische Ordnung, und die unmittelbar im Alltag erfahrene Konsequenz war die totale Neuordnung aller politischen, gesellschaftlichen und persönlichen Lebensbereiche. Dazu war nötig, den bestehenden gesellschaftlichen und geistigen Pluralismus zu beseitigen, alle Institutionen gleichzuschalten und das gesamte Leben der Partei und dem Staatsapparat unterzuordnen. Hitler tat dies mit einer beispiellosen Perfektion, die erschreckte und faszinierte. Ab 1933 schuf er dazu die 'gesetzlichen' Grundlagen, unter deren weitreichenden Folgen Zweig und so viele Menschen zu leiden hatten:

5. März	1933	Gleichschaltung aller Länder und Ausschaltung der politischen Gegner im Innern
7. April		2. Gesetz zur Gleichschaltung
1. Dezember		Gesetz zur Sicherung und Einheit von Partei und Staat
24. Januar	1934	Überwachung von Schule und Erziehung
30. Januar		Gesetz über den Neubau des Reiches im Reichstag und Reichsrat
21. April		Verbot der Gewerkschaften
22. Juni		Verbot der SPD
4. Juli		Auflösung weiterer Parteien

Nach dem Wahlergebnis vom 5. März 1933 war die NSDAP mit 288 Sitzen im Reichstag vor der SPD stärkste Partei. Mit den 81 KPD-Mandaten, die Hitler radikal an sich gerissen hatte, verfügte die neue Partei über die absolute Mehrheit, um das „Ermächtigungsgesetz" und die große Zahl weiterer Gesetze zu schaffen. –

H. Steffahn formuliert zwölf Thesen, die verdeutlichen, weshalb Hitler sich letztendlich relativ leicht durchsetzen konnte. [49] Ich fasse in einer übersichtlichen, inhaltlich gekürzten Folie die Punkte knapp zusammen:

49) H. Steffahn, Hitler, S. 99 – 102

ZEIT ermöglichte HITLER

1 **GESETZESWIRRWARR** der WEIMARER ZEIT	**7** **KAISER-** Sehnsucht (Zeitgeist!) verstärkt Hitlers Rolle
2 BEGÜNSTIGUNG **PARLAMENT, KRISEN** durch die (alte) Verfassung, die SPLITTERPARTEIEN in den Reichstag gelangen ließ	**8** Deutschlands **UNBESIEGBAR-** **KEITSGLAUBE** begünstigt den „starken Mann"
3 politische **PATTSITUATION** durch zerstrittene Parteien	**9** **ANGST** vor dem BOLSCHEWISMUS und vor dem JUDENTUM
4 Forderung nach Erstarken der deutschen **WIRTSCHAFT** Erfolge, Bestätigung	**10** Appelle an des DEUTSCHTUM: **„DEUTSCHLAND** **ERWACHE"**
5 STAATSINSTITUTIONEN verteidigen den **„ALTEN STAAT"** nicht genug; ergreifen keine Initiative	**11** UNSICHERHEIT im Umgang mit der DEMOKRATIE: **„ORDNUNG"**
6 Ausscheiden der **SPD** als ungeliebter, der Opposition fähiger Partei	**12** Willenskraft und Organisationsstärke **HITLERS**

Diesen Zeitraum stellt Stefan Zweig aus persönlichster Betroffenheit im Kapitel „Incipit Hitler" ausführlich dar. Die rückwärts gerichteten Feststellungen beginnen dort mit dem verblüffend naiven Geständnis: „Der Name fiel leer und gewichtlos in mich hinein." [50)]

Diesen Satz haben Millionen andere so oder ähnlich auch ausgesprochen, darunter auch solche, die erwiesenermaßen besser unterrichtet, politisch vorausschauender und mit den Vorgängen (in ihrer Entwicklung) weit intensiver befaßt waren als Stefan Zweig selbst. Wer nach einer griffigen sprachlichen Formel für die Beschreibung der Züge jener kühl kalkulierten und kompromißlos ausgeführten Nazi-Herrschaft (von 1933 an) sucht, findet sie im Umriß dessen, was H. Steffahn Hitler und der NSDAP nach den Phasen des 'Einübens' zuschreibt: [51)]

„Das Jahr 1933 vervollständigte nur, was längst eingeübt war, seit das sonnenlose Bierstubengewächs DAP die öffenlichkeitssüchtige Bewegung NSDAP aus sich gezeugt hatte: mit Führerprinzip und Personenkult, mit monomanischen Redebeschwörungen auf niedrigstem Schlagwort-Niveau, mit Propagandawirbel und unablässigen Schaueffekten unter nationaler Fahnen- und Hakenkreuzsymbolik, mit einem aggressiven Wertekatalog und einer braununiformierten, paramilitärischen Schutz- und Schlägertruppe. Auf diesem Manöverfeld und mit diesen Waffen wurde der NS-Staat geprobt bis er für die Weltbühne reif war."

Anders als vor ca. 30 Jahren kann sich Zweig jetzt aber nicht einmal mehr geistig erneuern, und angesichts der sich in bestürzendem Tempo vollziehenden Ereignisse bleibt ihm nur noch die äußere, schließlich die innere Kapitulation. Der Kreis schließt sich. Es gibt kein Zurück mehr.

---

50) Stefan Zweig. Die Welt von Gestern, S. 258

51) H. Steffahn, S. 65. – Am 30. Januar war Adolf Hitler zum Reichskanzler berufen worden. H. Steffahn faßt dieses Verhängnis im lapidaren Satz zusammen: „Vierzehn Jahre lang hat Hitler die Macht eingeübt, zwölf Jahre ausgeübt."

1939   Hitlers Überfall auf Polen – Beginn des 2. Weltkrieges – Kriegserklärungen Frankreichs und Großbritanniens an Hitler, dessen Bemühungen, beide Länder zur Zurückhaltung zu überreden, vegeblich blieben – 500 000 Auslandsdeutsche werden aus dem Osten umgesiedelt.

1940   Frankreich wird zum Waffenstillstand gezwungen ('triumphale' Antwort Hitlers auf 1918) – Belgien, Niederlande und Luxemburg haben Exilregierungen in London – Dreimächtepakt Deutschland/Italien/Japan.
Luftangriffe auf England (London – Coventry); Churchill richtet die Briten zum Durchhalten und Gegenangriff auf – Niederlage der Briten bei Dünkirchen – deutscher Invasionsplan „Seelöwe" aufgegeben, nachdem die „Luftschlacht um England" erfolglos bleibt – ungeheurer Widerstandswille Großbritanniens.

1941   Nach anfänglicher Überlegenheit der Deutschen Gegenstoß der Briten auch in Nordafrika – USA schaffen Gesetz zur sofortigen Unterstützung der Hitler-Gegner – Heß in England – Angriff Hitlers auf die UdSSR – „Atlantic Charta" (Roosevelt/Churchill) – Wende des Krieges in Rußlands Winter.

1942   Die 6. Armee (General Paulus) in Stalingrad eingeschlossen – Auftakt zur Ermordung von Millionen Juden in den Konzentrationslagern – Alliierte Probelandung bei Dieppe, seitdem die USA durch den japanischen Überfall auf Pearl Harbour direkt in den Krieg verwickelt worden sind – McArthur Oberbefehlshaber im Fernen Osten – Alliierte Großoffensive im Südpazifik.

1943   Entscheidende Wende im deutschen Ostkrieg (Kriegswende) durch Aufgabe der 6. Armee – Casablanca Konferenz (Roosevelt/Churchill) mit der Forderung nach bedingungsloser Kapitulation Deutschlands – russische Gegenoffensive – schwere Luftangriffe der Engländer/Amerikaner auf Deutschland – Widerstand gegen Hitler in Deutschland wird größer („Weiße Rose") – schwerste Verluste Deutschlands im U-Boot-Krieg; Alliierte landen auf Sizilien – Aufstand im Warschauer Ghetto brutal erstickt – Konferenz von Teheran (Roosevelt/Churchill/Stalin) – Absprachen über neue Grenzziehungen.

1944   Vordringen der Sowjets – Alliierte dringen von Westen gegen Deutschland vor – Attentat auf Hitler (20. Juli). – etwa 5000 Menschen, davon knapp 1/5 Offiziere, werden im Zuge der daraufhin erfolgenden Säuberungsaktionen getötet – kriegsentscheidende Invasion der Alliierten in der Normandie.

1945   Sowjets erobern deutsche Ostgebiete – Flüchtlingsströme/Flüchtlingselend – Deutschland von Osten und Westen vollständig aufgerollt – Zusammenbruch der Fronten – Selbstmord Hitlers, Goebbels u.a. – Kapitualtion Deutschlands (08.05.1945), die nach der „Stunde Null" unmittelbar wirksam wird.
Potsdamer Konferenz beschließt die Aufteilung Deutschlands an die Siegermächte England, Frankreich, UdSSR, USA – Einsatz eines 'Alliierten Kontrollrates' – Atombomben auf Hiroshima und Nagasaki (Japan).

Beschließen möchte ich dieses Kapitel der Zahlen und Fakten mit einem letzten Briefzitat Stefan Zweigs. Am 18.05.1940 schrieb er seinem Freund Max Hermann-Neiße:[52]

„Wohin sind wir geraten! Selbst ich alter Schwarzseher hatte nicht von solchen Abgründen geträumt. Aus Verzweiflung schreibe ich die Geschichte meines Lebens. Ich kann nicht concentriert arbeiten. So will ich wenigstens ein Dokument hinterlassen, was wir geglaubt, wofür wir gelebt haben; ein Zeugnis ist heute vielleicht wichtiger als ein Kunstwerk."

In diesem Sinne mag auch die Schachnovelle eher als eindrucksvolles Dokument für Mängel und Nöte der Zeit denn als literarisches Kunstwerk gelesen und gewertet werden. Es ist Aufruf und Bekenntnis zu den Werten des Geistes und zum Leben über den Tag hinaus.

---

52) Stefan Zweig. Briefe an Freunde S. 312 –
    Max Herrmann-Neiße (1868 – 1941), Lyriker, seit 1933 enger mit Zweig befreundet. (Zweig bezieht sich hier auf sein Buch „Die Welt von Gestern".)

4. DIDAKTISCHER REFLEX

Stefan Zweig im Literaturunterricht der SI/II ist in der Tat eine Seltenheit. Eine Erklärung dafür ist in der zuvor erläuterten gespaltenen Einschätzung seiner Person und seines literarischen Werkes zu sehen. Besonders im vergangenen Jahrzehnt hat seine 'Sonntagsprosa' (–von der Lyrik gar nicht zu reden–) als Ausdruck traditionell-affirmativer Kunst keine Chance gehabt. Gerade darin liegt aber ein Moment der wirklichen Herausforderung für jeden Unterrichtenden: Zweig gegen den Strich der Zeitströmung zu 'wagen'. Sein essayistisches und erzählerisches Werk bietet reichlich Material an, das den Lektüreplan einer Klasse immens bereichern kann. Ein beliebiger Zugriff auf irgendwelche Texte aus seinem umfangreichen Werk ist jedoch keineswegs angesagt. Man muß schon sorgfältig auswählen. An der **„Schachnovelle"** kommt man dabei allerdings kaum vorbei. Unsere Überlegungen, Zweig für den Literaturunterricht nutzbar zu machen, gehen in zwei Richtungen. Sie sind auf den Unterricht ab Klasse 10 (Hauptschulen nur Typ 10B) zugeschnitten:

1. Ein **konventioneller** Ansatz mit einer relativ kleinen, aber repräsentativen Textauswahl, die in einem allgemein geläufigen Vorgehen eines Dreischritts von TEXTBEGEGNUNG – ANALYSE/INTERPRETATION – VERARBEITUNG angegangen werden können. Dazu wählen wir fünf Texte aus:

   a) Das Kreuz (Erzählung)
   b) Episode am Genfer See (Erzählung)
   c) Das Genie einer Nacht[+]   oder[53)]
   d) Die Weltminute von Waterloo[+]   oder
   e) Der Kampf um den Südpol[+]   oder
   f) Der versiegelte Zug[+]
   g) Angst (Novelle)

2. **Projektorientierte Stundenreihe** zur „Schachnovelle" – Video-Verfilmung [54)]

---

53) Die Texte [+] sind Zweigs „Sternstunden der Menschheit" zu entnehmen.
54) Auf die Theoriediskussion zum Thema „Projekte im Deutschunterricht" gehe ich nicht ausführlich ein; ich verweise auf die diesbezügliche Literatur (s. Literatur-Auswahl).

Beide Unterrichtsreihen können in einer Lerngruppe, die im selbständigen Umgang mit Texten geübt ist, parallel im Rahmen einer **EPOCHE „Deutschsprachige Autoren Österreichs"** realisiert werden. Sicherlich ist die Entscheidung zugunsten der einen oder anderen Sequenz der Normalfall und in allen Belangen weit weniger schwierig durchzuhalten.

Die grobflächig entwickelten Unterrichtsreihen wollen nur auf eine weitere Gelegenheit aufmerksam machen, wertvolles Literaturgut im Rahmen einen durchaus emanzipatorisch verstandenen Deutschunterrichts nicht zugunsten 'moderner' Texte zu vernachlässigen.[55] Damit soll die Bedeutsamkeit zeitgenössischen Schrifttums für den Literaturunterricht unserer Tage nicht in Frage gestellt sein. Die beiden Unterrichtsreihen sind an vergleichbaren Textfolgen bzw. Ganzschriften erprobt und hinsichtlich der vorgeschlagenen Arbeitsschritte breit abgesichert.[56]

---

55) Dem interessierten Leser empfehlen wir die Reihe BAUSTEINE (Unterrichtssequenzen zum Literaturunterricht der SI/II) aus dem Bange Verlag/Hollfeld. Dort sind die Leitzielsetzungen für einen zeitgemäßen Literaturunterricht in einem aus unserem Verständnis vernünfigen vermittelnden Verständnis formuliert, in zahlreichen Unterrichtsbeispielen konkretisiert und ausführlich kommentiert.

56) Hier greifen wir auf die vielfachen Erfahrungen und Erprobungen zurück, die im Rahmen der eigenen Unterrichtstätigkeit, der Lehreraus- und fortbildung gemacht werden konnten.

AUFRISS DER REIHE 1:				
	Arbeitsschritte	Texte	Organisationsformen	Zeit
1	Lehrer- oder Schüler- referat über Stefan Zweig und seine Zeit vor 1939 – Ergänzung:	Filme[57]	Plenum	45' 90'
2	Textbegegnung und Absprachen über Ziele / Vorgehen	Texte	Plenum – Die No- velle („Angst") arbeitsteilig	45'
3	Strukturieren der Leseerfahrung		Sammeln und Gliedern von Diskussionsbei- trägen (z.B. The- men/Motive/Wirk- lichkeit/Sprache/ Intention des Autors etc.)	45'
4	Integrieren der Erfahrungen/Ein- sichten mithilfe von Zusatztexten ⟶		Partnerarbeit – Plenum Stefan Zweig: Briefe an Freunde	90'

57) Jede Filmbildstelle verfügt über ein entsprechendes Angebot an Doku-
menten. – Ein gutes Hintergrundverständnis gewinnt der Schüler (Lehrer) durch den **Film:**
>Der Erste Weltkrieg – Zum Untergang verurteilt –
>Europäische Monarchien vor 1914 oder
>Vom Kaiserreich zur Republik.
>Beide Filme sind über die örtlichen bzw. regionalen
>Filmbildstellen zu beziehen.

AUFRISS DER REIHE 2:			
Arbeitsschritte	Texte	Organisationsformen	Zeit
1 Lektüre der „Schachnovelle" und nachfolgende Absprachen über das Vorhaben „Verfilmung" Zusätzliche Dokumentation (vgl. Reihe 1)		Plenum	Häusliche Vorbereitung über 2-7 Tage; dann: 45' / 90'
2 Vorarbeiten zu einem Drehbuch Erarbeitung einer Matrix zum ständigen Fortschreiben	Segmentierung des Textes		45'
3 Detaillierte Überlegungen zur Aufbaustruktur und den Gestaltungsmitteln [58]	Einbeziehen von Theoriewissen: „Film"	Plenum – Partnerarbeit	90'
4 Erarbeitung eines Drehbuchs: ← – Rollentexte – Kulisse – besondere Rolle eines Erzählers/Berichterstatters		Gruppen- Partner- Arbeit	90'
Überlegungen zur ökonomischen und pointierten Verfilmung (Kurzfilm)			
5 Vorstellen der Ergebnisse Diskussion – Präzisierung		Plenum	45'
6 Arbeit mit der Kamera – gemeinsames Betrachten des Films		Gruppen	$\frac{60'}{90'}$

58) Ein Glossar zum Thema „Film" steht am Schluß dieses Kapitels.

86

Während die **Unterrichtsreihe 1** eine klare und überschaubare Struktur aufweist („entlang den Texten"), demzufolge nicht weiter erläutert werden muß, bedarf die **Unterrichtsreihe 2** eines begleitenden Kommentars, nicht zuletzt deshalb, weil sie neben technisch-organisatorischen Erschwerungen gegenüber der mehr 'konventionellen' Reihe 1 zusätzlich zeitliche Unwägbarkeiten hat, die nur schwer einzugrenzen sind.

Hier wiederum kann ich mich bei den Arbeitsschritten 1,2,3 und 6 relativ kurz fassen, wohingegen die Schritte 4/5 ausführlicher dargelegt werden müssen.

(1) Der häuslichen Lektüre (maximal 1 Woche Vorbereitungszeit) schließt sich eine Doppelstunde an, in der – analog zur Unterrichtsreihe 1 – das historische und biographische Umfeld offenzulegen ist. In dieser Phase werden bereits die geistige Struktur der Novelle und Zweigs Art der 'Aktualisierung von Zeitgeschichte' zu erörtern und zu werten sein. – In einem zweiten Teilabschnitt wird die Zielrichtung „Verfilmung" diskutiert. [59] Daß wir es nach strenger Definition von 'Projekt' als Methode nur mit einem 'projektorientierten Vorgehen' zu tun haben, tut dem Sinn des Vorhabens keinen Abbruch.

(2) Die text- und ergebnisorientierte Arbeitsphase „Drehbuch" nötigt zu rationellem und 'professionellem' Vorgehen. Es ist hilfreich, den Text in **10 überschaubare Sequenzen** zu gliedern:

---

59) Wir setzen voraus, daß das Interesse, sich mit dieser Novelle intensiver zu befassen, von vornherein größer ist, wenn die Zielrichtung 'VIDEO-VERFILMUNG' lautet.

Lfd. Nr.	Situation	Text-Seite	Spielort
1	Czentovic wird vorgestellt	7–18	Schiffsdeck
2	Vorbereitungen zum großen Spiel	19–28	Saal
3	Das Spiel – Dr.B. greift ein	28-39/40	Saal
(10) 4	Dr.B erzählt:		
	– bis zur Denunziation	40-46	Kanzlei
	– Isolierhaft	46-50	Hotelzimmer
	– Das Schachbuch	50-60/61	Verhörzimmer
	– Überlebenstraining	61-73/74	Hotelzimmer
	– „Matt"	74	Flur
	– Genesung	74-81/82	Krankenzimmer
5	Das Ende des Spiels	82-95	Saal

Es sind Absprachen über die Besetzung und die zweckmäßige Bearbeitung des Novellentextes erforderlich (vgl. 4). In der sich entwickelnden Matrix werden die wichtigsten Stichwörter festgehalten. Um das Auswendiglernen der schwierigen Textpassagen auszusparen und relativ rasch zum 'Filmen' zu kommen, ist hier die Rolle des **Erzählers** sorgfältig zu reflektieren.

(3) Die dramaturgisch-technische Gestaltung kommt ohne ein Minimum an Begrifflichkeit (= Filmsprache) nicht aus. Deshalb werden die Schüler mit einer Übersicht vertraut gemacht, die ihnen hilft, ihre **Sprachregelung zu objektivieren** und das Filmen selbst professioneller zu

machen. Die Übersicht ist Lermen/Loewen [60]entnommen, denen ich mich im Hinblick auf die didaktisch reflektierte Nutzung des Mediums Film sehr verpflichtet weiß. – Die Matrix wird vervollständigt.

(4) Diese Phase enthält **zwei schwierige Gegebenheiten:**
   – Der Text muß sprecher- und spielgerecht eingerichtet werden (Präzision im Detail!);
   – die Umgebung ist zu gestalten. (Hier kommt man sicherlich mit einfachen Mitteln aus, z.B. Laken mit Bullaugen; Kaffeehaustische; Schulbüro; Krankenzimmer der Schule etc.)

Was die Verarbeitung des Textes angeht, so ist das zentrale Stichwort bereits genannt: **Erzähler.** Er ist nötig, um die Originalsprache Zweigs möglichst zu erhalten und die zwar stumm, aber realistisch agierenden Hauptpersonen zu entlasten. Dem Regisseur und den Spielern kommt hier die heikle Aufgabe zu, sich präzise aufeinander abzustimmen. Das Spiel bleibt auf diese Weise fast starr und erhält etwas Mechanistisches, das der Textfolie durchaus adäquat zur Seite tritt. Der Erzähler sollte – mit Blickkontakt zum Geschehensraum – verdeckt bleiben. Die **reduzierte Textfassung** darf nicht zur Stichwortliste verkümmern. Insofern ist das (stumme) Ausspielen der Situation nicht ganz einfach. Da Handlungsintensität fehlt, kommt dem **Mimischen und Gestischen das Hauptgewicht** zu, das mit Ausnahme der Haftszenen seine Grundspannung zunächst lediglich aus dem Schachspiel selbst erhält. Es ist genauestens abzustimmen, wie lange die stummen Szenen ausgedehnt werden dürfen (Sehgewohnheiten!).

---

60) Vgl. Glossar, gekürzt und im Wortlaut geringfügig verändert in: B. Lermen/M. Loewen, Der Trickfilm als didaktische Aufgabe, S 19 – 26.

(5) Das erarbeitete Ergebnis wird als **Gesamtentwurf** durchgesprochen, wo nötig ergänzt und korrigiert. Ehe gefilmt wird, ist es sinnvoll und hilfreich, **jede Sequenz zu erproben,** d.h. durchzuspielen (zeitlicher Umfang!). Dabei ist es sehr motivierend, schon 'mal etwas aufzunehmen'. Es wäre schön und nachdrücklich motivierend, wenn der Projektverlauf ganzzeitig von einer 2. Kamera begleitet werden könnte. – **Geräusche und Musik** sind **funktional** zuzuordnen. Da den Schülern Vorbereitung und Realisierung weitgehend überlassen bleiben, greift der Lehrer auch nur dort ein, wo er entweder gefordert wird oder Phasen der knappen gemeinsame Reflexion anregt. [61] Selbst auf die Gefahr hin, daß die Sache „nicht so rund wird" (Lehrerargument!), überlasse man der Gruppe wirklich die Verantwortung. Man kann sicher sein, daß Schüler etwas Positives auf die Beine stellen, wenn man sie in einem solchen Rahmen entscheiden und handeln läßt. Es ist eine Erfahrungstatsache, daß gerade in der Nutzung der Gestaltungsmittel 'Geräusche' und 'Musik' **Fantasie und 'guter Geschmack'** walten. Oft sind dabei die wirkungsvolleren Effekte als im Rollentext selbst zu erwarten. Bezogen auf Zweigs ernsthafte Novelle wird es einer positiv eingestellten Lerngruppe gelingen, eine adäquate akustische Umgebung zu schaffen.

(6) Natürlich ist das Filmen und **gemeinsame 'Genießen'** des Aufgenommenen der erklärte Höhepunkt, die eigentliche Zielsetzung des Vorhabens. Hier sollte aber auch der richtige Ort sein für ein **kritisches Résumée** der geleisteten Arbeit hinsichtlich der **ORGANISATION – AUFGABENVERTEILUNG – KOOPERATION – ERGEBNISSE** und möglicher Alternativen für einen

---

61) In der kommentierenden Literatur wird auf die Verlagerung der Lehrer-Aktivität in Richtung einer „Meta-Ebene" stets bedeutungsvoll hingewiesen- – Vgl. auch G. Frank/J. Stephan, Der Schüler als Leser, S. 148.

kommenden Versuch. Man sollte nicht unterschätzen, daß alle Aufgabenstellungen für **MEDIENTRANS-FORMATIONEN** bereits im Initiieren eines kooperativ angelegten Prozesses ihren **eigenen** Wert haben und nicht so sehr das Ergebnis allein. Oft steht gerade **das** in keinem günstigen Verhältnis zu Zeit und Aufwand und soll nicht ausschlaggebend sein für die Bewertung der geleisteten Arbeit.

GLOSSAR[62)]

Die Perspektive

Die in jeder Einstellung mitgegebene Perspektive läßt sich definieren als das subjektive Verhältnis der Kamera (bzw. des Kameramannes) zu dem Objekt. Im Normalfall wird das Bild aus Augenhöhe aufgenommen, das heißt horizontal aus der Sicht des erwachsenen Menschen auf das Objekt, so daß man von einer Normalsicht sprechen kann. Dieser normale Blickwinkel kann zugunsten einer Unter- oder Obersicht verändert werden bis zu den Extremen der Frosch- und der Vogelperspektive. Bei der Vogelperspektive steht die Kamera sehr hoch und ist stark geneigt. Sie erweckt daher den Eindruck eines überlegenen und erhabenen Standpunktes und läßt das Objekt klein, schwach und verloren erscheinen. Die Froschperspektive dagegen, bei der die Kamera extrem tief postiert und stark gehoben ist, versetzt den Betrachter in die Rolle des Bedrohten und Verängstigten, der sich einem übermächtigen Gegenüber ausgesetzt und von diesem bedroht sieht. Die Schrägstellung der Kamera aus einer Position über Augenhöhe (wenig geneigt) oder aus Bauchhöhe (wenig gehoben) dynamisiert das Geschehen.

Einstellungsgrößen

Jedem Kinobesucher (wie jedem Fernsehzuschauer) ist der Effekt bekannt, den eine auf das Objekt zu oder von dem Objekt weg bewegte Kamera hervorbringt: Ein kaum beachtetes Bildelement rückt in wenigen Augenblicken, stetig wachsend, auf das betrachtende Auge zu und steht dann

---

62) Zur sachlich angemessenen Bewältigung der Aufgabenstellung „Film" ist eine Handreichung dieser Art unverzichtbar. Wenn die Matrix vollständig wird, erweist sich in der Frage von „Perspektive" und „Einstellungsgröße", z.B., der Wert eines leitenden Fachausdrucks als **verständliche Kurzformel und Handlungsanweisung**.

groß (manchmal übergroß) und deutlich da, während seine Umgebung sich mehr und mehr dem Blick entzieht. Ebenso kann ein Gesicht, eine Gruppe von Menschen oder ein Haus so in ein immer weiter sich ausdehnendes Umfeld eintauchen, daß sie dem Auge gänzlich entschwinden und nur noch der Ort auszumachen ist, an dem sie von ihrer Umgebung quasi aufgesogen wurden. Wie gesagt: dieser Effekt hängt ab von der *,Einstellung' der Kamera also ihrer Entfernung von dem Aufnahmeobjekt*. Je näher sie an dieses heranrückt, desto kleiner wird der Ausschnitt, den sie erfaßt; je kleiner also der Ausschnitt wird, desto größer bilden sich in ihm die einzelnen Elemente ab. Das Umgekehrte gilt, wenn die Kamera sich von dem Aufnahmeobjekt entfernt. Wer photographiert, weiß, daß ähnliche Effekte auch ohne Veränderung des Standorts, also bei gleichbleibender Distanz zum Objekt durch einen bloßen Wechsel des Objektivs erzielt werden können: Kürzere Brennweite ergibt einen weiteren Bildausschnitt und umgekehrt. Ein solcher Wechsel des Objektivs ist aber umständlich und zeitraubend. In der Film- und Fernsehtechnik sind daher variable Linsensysteme (,Gummilinsen', englisch ,zoomlenses') in Gebrauch, die eine Veränderung des Ausschnitts ermöglichen, ohne daß das Objektiv ausgetauscht werden muß. Die auf solche Weise – also durch Vergrößerung oder Verkleinerung des Bildausschnitts – zu erzielenden Effekte haben die Filmemacher seit den Tagen der Brüder Lumière fasziniert. Nach und nach haben sich acht (von der Distanz zum Objekt abhängige) *Standard-Einstellungen* herauskristallisiert, die sich wie folgt definieren lassen:

Weit-Einstellung: Sie situiert das Geschehen im Raume, indem sie den eigentlichen Ort der Handlung in ein weites Umfeld stellt, und erfüllt damit die Funktion einer allgemeinen Orientierung.

Totale: Sie zeigt den Ort der Handlung im Überblick. Der Abstand ist aber so groß, daß der Zuschauer das Geschehen nur von ferne wahrnimmt und relativ unbeteiligt bleibt.

Halbtotale: Sie konzentriert sich auf die Träger der Handlung, hält aber das Umfeld noch im Blick. Der Zuschauer bleibt in Distanz zum Geschehen.

Halbnah-Einstellung: Sie erfaßt der Höhe nach die ganze menschliche Gestalt. Der Betrachter wird nahe an die Handlung herangeführt und von ihr direkt angesprochen.

Amerikanische Einstellung: Sie zeigt die menschliche Gestalt von den Knien bis zum Kopf. Die räumliche Tiefe ist noch wahrnehmbar, aber der Zuschauer wird in das Geschehen persönlich einbezogen.

Nah-Einstellung: Sie umfaßt Kopf, Schultern und Brust der menschlichen Gestalt, Gestik und Mimik erhalten einen hohen Stellenwert. Der Zuschauer ist unmittelbar betroffen.

Großaufnahme: Sie zeigt bildfüllend den Kopf eines Menschen oder mit gleicher Eindringlichkeit ein anderes Objekt, dem eine hohe Bedeutung zukommt. Daraus folgt: sie ist außerordentlich expressiv und hat oft eine enthüllende Funktion.

Detailaufnahme: Sie bringt das denkbar kleinste Objekt – etwa den Mund oder die Augenpartie eines Menschen – bildfüllend vor das Auge und verleiht ihm dadurch ein Höchstmaß an Ausdruck und Intensität.

Die mittleren Einstellungsgrößen – halbtotal bis nah – haben vorwiegend erzähltechnische Funktion. Die Totale resumiert und gewährt Überblick. Sie kann aber auch ein Gefühl der Leere oder Verlassenheit hervorrufen. Überhaupt sollte man sich hüten, einzelnen Einstellungsgrößen bestimmte Bedeutungen ein für allemal zuzuschreiben. Es gehört gerade zum Wesen des Films, der ja heute immer auch eine Tonkomponente hat, daß das einzelne Bild immer eingebettet bleibt in die Bildfolge und daß erst aus dem Rhythmus und wechselseitigen Verweisungen, die in das Ganze eingebaut sind, die Wirkung hervorgeht. Verallgemeinernde Charakterisierungen wie ‚Großaufnahme = Intensivierung‘ oder ‚Totale = Distanzierung oder Neutralisierung‘ sind daher mit Vorsicht zu gebrauchen.

Kamerabewegung

Die Analyse der Einstellung hat den Blick auf die Kamera ge-
lenkt: Sie ist nicht an einen festen Standort gebunden, sie
kann bewegt werden und damit – optischer Effekt des
fahrenden Zuges! Bewegung schaffen. Man unterscheidet
Kamerafahrt, Zoomfahrt und Schwenk.

Zoomfahrt: Das aus dem Englischen übernommene Wort
‚Zoom' bezeichnet eine Veränderung der Brennweite bei
feststehender Kamera. Diese hat einen scheinbaren Fahr-
effekt zur Folge, der in Wahrheit durch das täuschende
‚Heranholen' eines Szenenausschnitts zustandekommt.

Schwenk: Schwenk nennt man eine Bewegung der Kamera
auf gleicher Ebene, die von einem fest postierten Stativ oder
aus der Hand ausgeführt wird: waagrecht nach rechts oder
links und senkrecht von oben nach unten oder umgekehrt.
Schwenks können mit anderen Kamerabewegungen kom-
biniert werden. Sie wirken sehr organisch, da die Kamera
analog der Bewegung des menschlichen Kopfes geführt
wird.

Montage

Die Montage gibt einem Film die endgültige Gestalt. Das be-
lichtete Material wird dabei zerlegt und wieder zusammen-
gefügt, daß die Vielheit der Segmente sich möglichst stim-
mig zu einer neuen Ganzheit verbindet, die die Filmidee op-
timal in Bild und Handlung umsetzt. Der Regisseur operiert
dabei in einem Felde mit unabsehbaren Möglichkeiten, da
er alles mit allem verknüpfen kann: eine Freiheit, die aber
seine schöpferische Kraft unerbittlich auf die Probe stellt. In
der Montage entsteht das, was man ‚filmische Zeit' und ‚fil-
mischen Raum' nennt: die Komponenten, die zusammen
die ‚filmische Wirklichkeit' ausmachen.

Den Übergang von einer Einstellung zur anderen nennt man Schnitt. Man unterscheidet den harten und den weichen Schnitt. Der harte Schnitt reiht zwei verschiedene Einstellungen unvermittelt aneinander. Der weiche impliziert eine zeitliche Zäsur zwischen den beiden Einstellungen. Er schneidet zumeist zwei in sich komplexe Szenen, kann aber auch – in der Form der ‚fließenden Montage' – einen ganzen Film bestimmen, der dadurch einen lyrisch-epischen Charakter erhält. Zwei Handlungen, die sich gleichzeitig an verschiedenen Orten abspielen, werden in der ‚Parallelmontage' nebeneinander vorangetrieben. Sequenzen werden aus Einstellungen geformt, die als durchgängige Folge wirken. Ähnliches und Gegensätzliches wird in der analogen oder Kontrast-Montage zueinander in Beziehung gesetzt. Die Rückblende schneidet frühere Ereignisse in die Handlung ein. Unter Überblendung versteht man das Erscheinen einer neuen Einstellung, während die vorhergehende noch steht und erst allmählich verschwindet.

Beleuchtung

Die Bildwirkung ist weitgehend bestimmt durch das Spiel mit Licht und Schatten. Die Skala reicht von der realistischen Beleuchtung bis zu expressiven Effekten in harter, weicher oder durch Licht- und Schattenspiel bewegter Manier.

Geräusch

Das Geräusch kann im Trickfilm als Naturaufnahme auftreten. Meist wird es jedoch künstlich produziert. Das deutet schon darauf hin, daß es nicht so sehr um eine ‚naturalistische' Erfassung der tonlichen Wirklichkeit geht als vielmehr um dramaturgische Effekte. So können Geräusche ein Milieu kennzeichnen, Personen charakterisieren, Situationen erhellen, eine Handlung gliedern, Überleitungen herstellen, Akzente setzen, Abläufe skandieren, imitieren und parodieren.

Musik

Instrumental oder synthetisch erzeugt, kann die Musik die Handlung kommentierend begleiten oder auch – als aktuelle Musik – selbst Bestandteil der Handlung sein.

Aktuelle Musik

Aktuelle Musik ist ein nebensächlicher Bestandteil der Handlung.

Kommentierende Musik

Im dramaturgischen Sinne hat die kommentierende Musik die Aufgabe, zum Aufbau der Handlung beizutragen und die Botschaft des Films zu unterstützen.
Die kommentierende Musik läßt sich in folgende Kategorien gliedern:

Kontrapunktierung

Kontrapunktierend ist eine Musik, deren Charakter den Bildinhalten widerspricht. Diese Musik will den Zuschauer provozieren, da die Diskrepanz zwischen Bild und Ton zur Auseinandersetzung zwingt.

Parallelisierung

Parallel kommentierend ist eine Musik, deren Charakter mit den Bildinhalten übereinstimmt. Sie unterstreicht in der ihr eigenen Sprache Charaktere, Stimmungen, Tendenzen oder Bedeutungen, die das Bild vorgibt, versetzt den Zuschauer physiologisch in die Lage, die Bildinhalte auf sich wirken zu lassen, und kann überdies den Bildern innewohnende Gehalte diskret hervorheben.

Musik als Leitmotiv

Musikalische Leitmotive sind charakteristische Wiederholungen gleicher Melodiefolgen, die eine Figur charakterisieren, bestimmte Themen hervorheben oder seelische Grundhaltungen unterstreichen.

Wer sich der „Schachnovelle" unter den skizzierten Bedingungen im Unterricht annimmt und eine „authentische" Spielsituation nachstellen möchte, wie dies auch in der bekannten Verfilmung der Novelle geschah[63] , könnte sich etwa folgender Position bedienen:

Weiß: Kg1, Tf1, La3, Bd6, e4, g2, h2
Schwarz: Kg8, Tc8, Sd3, Ba6, Bc2, Bg7

(Vgl. Foto): In der Bildstellung sind dann die Züge Kg8-h7 (von Schwarz) und h2-h4 (von Weiß) aus dem Novellentext bereits geschehen.

In der Tat mag es dem einen oder anderen Unterrichtenden unerheblich erscheinen, **wie** die Schachfiguren aufgebaut sind (–Schüler 'erfinden' da schon eine spannende Konstellation–). Auf der anderen Seite wäre jedoch zu berücksichtigen, daß es sich bei der Video-Aufnahme („Verfilmung") vorrangig um eine **optisch** zur Wirkung gebrachte Transformation des Mediums Buch handelt, bei der aber doch das Brett und die Figuren, bei Nah-Aufnahmen etwa, eine große Aussagekraft haben sollen.
Es darf ferner angenommen werden, daß der Unterrichtende, der sich an dieses Projekt begibt, selbst Schach spielen kann bzw. sich kompetenten Rat von 'Schachexperten' (Schüler/Kollege) holt, wenn es darum geht, die Wettkampfsituation nachzugestalten.

Im Normalfall wird der Film nicht zum Vergleich herangezogen werden können (Anfragen beim ZDF sind zwecklos); sehr wohl wäre er aber eine interessante Ergänzung zu den eigenen Produktionsbemühungen, wenn man Gelegenheit hätte, ihn zu sehen.

---

63) Die „Schachnovelle" wurde in der Verfilmung mit C.Jürgens, M. Adorf, H.Felmy, D. Schönherr u.a. mit einer von der Vorlage doch deutlich abweichenden Handlung am 18. August 1987 im ZDF gezeigt. – Gemeint ist hier die Stellung, als Dr.B. helfend in das Geschehen eingreift.

5. LITERATUR (AUSWAHL)

Zum hundertsten Geburtstag STEFAN ZWEIGS brachte der FISCHER-Verlag das Gesamtwerk in Einzelausgaben neu heraus. Das dichterische Werk wurde dabei durch persönliche Schriften Zweigs ergänzt (Briefwechsel). – Alle Bücher Zweigs, die zu diesem Band „ANALYSEN UND REFLEXIONEN" herangezogen wurden, sind nachfolgend aufgelistet. Auf weitere Bücher Zweigs, die nicht unmittelbar relevant waren, mache ich am Ende des Literaturverzeichnisses in einer zusätzlichen Aufstellung aufmerksam.

STEFAN ZWEIG **Schachnovelle,** Band 1522

STEFAN ZWEIG **Sternstunden der Menschheit**
Zwölf historische Miniaturen
Band 595

STEFAN ZWEIG **Die Welt von Gestern**
Erinnerungen eines Europäers
Band 1152

STEFAN ZWEIG **Balzac**
Eine Biographie. Band 2183

STEFAN ZWEIG **Triumph und Tragik
des Erasmus von Rotterdam.**
Band 2279

STEFAN ZWEIG **Europäisches Erbe.** Band 2284

STEFAN ZWEIG **Menschen und Schicksale**
Band 2285

STEFAN ZWEIG **Länder, Städte,
Landschaften.** Band 2286

STEFAN ZWEIG   **Zeit und Welt.** Band 2287

STEFAN ZWEIG   **Das Geheimnis des künstlerischen Schaffens** Band 2288

STEFAN ZWEIG   **Begegnungen mit Büchern** Aufsätze und Einleitungen aus den Jahren 1920 – 1939 Band 2292

STEFAN ZWEIG   **Angst.** Novelle (mit einem Nachwort von Richard Friedenthal.) Stuttgart 1977 Reclam Band 6540

STEFAN ZWEIG   **Die unsichtbare Sammlung – Buchmendel.** Zwei Erzählungen. Regensburg 1972.

STEFAN ZWEIG   **Das Kreuz.** In: Geschichten aus den Kriegen. Ausgewählt und herausgegeben von Ernst M. Frank. München 1985, S. 9 – 19

STEFAN ZWEIG   **Briefe an Freunde.** Herausgegeben von Richard Friedenthal. Frankfurt 1984

STEFAN ZWEIG   **Briefwechsel Maxim Gorki / Stefan Zweig.** Herausgegeben von Kurt Böttcher. Frankfurt 1974

STEFAN ZWEIG   **Stefan Zweig / Paul Zech. Briefe** 1910 – 1942 Herausgegeben von Donald G. Daviau. Frankfurt 1986

*

Hanns Arens (Hrsg.)	Der große Europäer Stefan Zweig. Frankfurt 1981
Hanns Arens	Stefan Zweig: sein Leben, sein Werk Esslingen 1949
Arnold Bauer	Stefan Zweig. Köpfe des XX. Jahrhunderts. Berlin [4] 1974
Gottfried Bermann-Fischer	Bedroht-Bewahrt. Weg eines Verlegers. Frankfurt 1984
Robert Faesi	Erlebnisse-Ergebnisse: Erinnerungen. Zürich 1963
Ernst Feder	Stefan Zweig. In: Begegnungen – die Großen der Welt im Zwiegespräch. Esslingen 1950, S. 197 – 210
Hermann Kesten	Meine Freund die Poeten. Frankfurt – Berlin 1980
Robert Neumann	Ein leichtes Leben. Bericht über mich selbst und Zeitgenossen. München 1963
Donald A. Prater /	Stefan Zweig. Das Leben eines Ungeduldigen. München 1981
Donald A. Prater / Volker Michels (Hrg.)	Stefan Zweig. Leben und Werk im Bild. Frankfurt 1981
Werner Schramm	Stefan Zweig. Itzehoe 1961
Friedrich Sieburg	Nur für Leser. Jahre und Bücher München 1961
Joseph Wulf	Literatur und Dichtung im Dritten Reich. Hamburg 1966

Friderike Zweig / Stefan Zweig	Unrast der Liebe. Ihr Leben und ihre Zeit im Spiegel ihres Briefwechsels. Frankfurt 1984
Friderike Zweig	Spiegelungen des Lebens. Frankfurt 1985
Friderike Zweig	Stefan Zweig. Wie ich ihn erlebte. Berlin 1948

*

Klaus D. Bertl / Ulrich Müller	Vom Naturalismus zum Expressionis- mus. Literatur des Kaiserreichs. Stutt- gart 1987.
Otto F. Best	Handbuch literarischer Fachbegriffe. Definitionen und Beispiele. Frankfurt 1980
Herbert A. Frenzel / Elisabeth Frenzel	Daten deutscher Dichtung. Chrono- logischer Abriß der deutschen Litera- turgeschichte. Band II (Vom Bieder- meier bis zur Gegenwart) Frankfurt [12] 1976
Rüdiger Giese / Christian Floto	Basisinterpretationen für den Litera- tur- und Deutschunterricht der Se- kundarstufen. Band IV (Romane und Novellen aus dem 20. Jahrhundert). Hollfeld 1985
Dieter Krywalski (Hrsg.)	Handlexikon zur Literaturwissenschaft. 2 Bände. Hamburg 1978

Hellmut Andics	Das österreichische Jahrhundert. Die Donaumonarchie 1804 - 1899 (Band 1 der vierbändigen Reihe „Neue Österreichische Geschichte".) München 1981
Kurt Diemann	Musik in Wien. Band I/II. München 1981
Dietmar Grieser	Musen leben länger. Begegnungen mit Dichterwitwen. München 1983
Hermann Hesse	Eine Literaturgeschichte in Rezensionen und Aufsätzen (Hrsg. Volker Michels). Frankfurt 1979
Octave Mannoni	Sigmund Freud in Selbstzeugnissen und Bilddokumenten. Hamburg 1971 u.ö.
Jürgen Serke	Die verbrannten Dichter. Berichte-Texte-Bilder einer Zeit. Frankfurt 1980
Harald Steffahn	Adolf Hitler mit Selbstzeugnissen und Bilddokumenten. Hamburg 1983
Dolf Sternberger	Panorama oder Ansichten vom 19. Jahrhundert. Frankfurt 1974

*

Hans Aebli	Zwölf Grundformen des Lehrens. Stuttgart 1983
Diskussion Deutsch (87)	Projektorientierter Deutschunterricht. Frankfurt 1986
Gerd Frank / Joachim Stephan	Der Schüler als Leser. Textrezeption und Literaturunterricht. Freiburg 1979

Annemarie Kaiser /   Projektstudium und Projektarbeit in
Franz-Josef Kaiser   der Schule. Bad Heilbrunn 1977

Hans Kügler   Lektüre - Methode - Diskurs. In: Jahr-
                       buch des Deutschunterrichts. König-
                       stein/Ts. 1978

Ernst Nündel   Kompendium Didaktik Deutsch.
                       München 1980

Reiner Poppe   Gerhart Hauptmann. Die Weber.
                       BAUSTEINE Deutsch. Unterrichts-
                       sequenzen für den Literaturunterricht
                       auf der Sekundarstufe I/II. Hollfeld 1984.

Werner Stein   Kulturfahrplan. Die wichtigsten Daten
                       der Kulturgeschichte. Von Anbeginn
                       bis heute. Band 4. Vom Wiener Kongreß
                       bis zum Ende des Zweiten Weltkrieges.
                       Fischer 1978

Herbert Stubenrauch   Projektorientierter Deutschunterricht.
                       Weinheim-Basel 1976.

Hans-Joachim Tymister Projektorientierter Deutschunterricht.
                       Vorschläge für Lehrer und Schüler.
                       Düsseldorf 1975

                            *

Frede Andersen /   Medien im Unterricht. Ein Handbuch.
Kaj Kingo Sörensen   Stuttgart 1972

Werner Faulstich   Einführung in die Filmanalyse.
                       Tübingen 1976

Jan Thilo Haux / Max Rendez	Film als Hobby. Filmtricks und Trick- filme. Berlin 1976
Keith Kennedy	Film im Unterricht. Ravensburg 1974
Birgit Lermen	Das traditionelle und neue Hörspiel im Deutschunterricht. Paderborn 1975.
Birgit Lermen / Matthias Loewen	Der Trickfilm als didaktische Aufgabe. Sekundarstufe I. – Zugänge, exem- plarische Analysen und didaktisch- methodische Aspekte. Hollfeld 1983.
Harro Müller – Michaelis (Hg.)	Arbeitsmittel und Medien für den Deutschunterricht. Kronberg/Ts. 1976
Gunter Otto	Didaktik der ästhetischen Erziehung. Ansätze - Materialien - Verfahren. Braunschweig 1974
Horst Rupprecht	Lehren und Lernen mit Filmen. Bad Heilbrunn 1970
Irmela Schneider	Der verwandelte Text. Wege zu einer Theorie der Literaturverfilmung. Tü- bingen 1981
Günter Scholz / Heinz Bielefeldt	Kompendium Didaktik – Schuldidaktik. München 1978
Klaus Unbehaun	So wird gefilmt. Seebruck 1975
Jürgen Wilke / Barbara Eschenauer	Massenmedien und Journalismus im Schulunterricht. Eine unbewältigte Herausforderung. Freiburg/München 1981

Karl Wünsch	Didaktik des Filmens. Eine Anleitung für Lehrende und Lernende. München 1973

Aus der schier unüberschaubaren Anzahl unterrichtsbezogener Anleitungen zur TEXT (Medien-) Transformation im Literaturunterricht sowie speziell zur Mediendidaktik und Medienpädagogik kann hier nur Vereinzeltes herausgegriffen werden. Vollständigkeit herzustellen, wäre ein unsinniges Unterfangen im Rahmen dieses ANALYSEN und REFLEXIONEN-Bandes.

Die getroffene Auswahl erscheint uns (bei aller zugegebenen Subjektivität der Entscheidung) verhältnismäßig offen und erlaubt in allen angesprochenen Aspekten jede zielgerichtete Vertiefung.

(Fortsetzung Zweig: Werke)

Hervorzuheben sind die Biographien „Maria Stuart" und „Joseph Fouché", „Drei Meister" und Ben Jonson's „Volpone"-Nachdichtung. Je nach Vorliebe und Interesse des Lesers könnte von hier aus ein guter Einstieg in die weitere Zweig-Lektüre genommen werden.

(**Nicht einbezogen** sind die **„Tagebücher"** Stefan Zweigs (Fischer Verlag 1984), die hier nur der Vollständigkeit halber miterwähnt werden.)

Stefan Zweig	Ungeduld des Herzens Roman Band 1670
Stefan Zweig	Maria Stuart. Band 1714
Stefan Zweig	Joseph Fouché Bildnis eines politischen Menschen. Band 1915

Stefan Zweig	Marie Antoinette Bildnis eines mittleren Charakters. Band 2230
Stefan Zweig	Die Hochzeit von Lyon und andere Erzählungen Band 2281
Stefan Zweig	Der Kampf mit dem Dämon Hölderlin, Kleist, Nietzsche. Band 2282
Stefan Zweig	Drei Meister Balzac, Dickens, Dostojewski. Band 2289
Stefan Zweig	Drei Dichter ihres Lebens Casanova, Stendhal, Tolstoi. Band 2290
Stefan Zweig	Ben Jonsons »Volpone« Band 2293
Stefan Zweig	Ein Gewissen gegen die Gewalt Castellio gegen Calvin Band 2295
Stefan Zweig	Die Heilung durch den Geist Mesmer, Mary Baker-Eddy Freud, Band 2300
Stefan Zweig	Magellan Der Mann und seine Tat Band 5356
Stefan Zweig	Phantastische Nacht und andere Erzählungen Band 5703
Stefan Zweig	Verwirrung der Gefühle und andere Erzählungen Band 5790
Stefan Zweig	Rausch der Verwandlung Band 5874